Interior Styling
with
Window Treatment

流儀やテクニックに学ぶ
上質空間のコツ

インテリアデザイナーの住む家

塩谷博子 監修

トーソー出版

はじめに

美しいインテリアには必ず理由があります

　インテリアのスタイリングにあたり顧客を満足させるには、ウインドウトリートメントだけではなく、全体がまとまった空間を提案する実力がなければなりません。空間にある要素をさまざまに検討し、より美しいものにするための答えを引き出す力が必要です。

　窓装飾のプロであるインテリアデザイナーたちは、このような力を持つことはもとより、多くの経験から得た答えを自分の"テーマ"としてほかとの差別化を図り、顧客の信頼を得て独自のビジネスモデルを築いてきました。努力して自らをブランド化したともいえるでしょう。

　第一線で活躍するデザイナーが、どのようなセンスとテクニックを持って自分のテーマをアピールし、顧客を満足させているかをお伝えしたい……。その思いを1冊にまとめたのがこの本です。

　折しも2014年に窓装飾プランナー資格制度が始まりました。窓装飾プランナーを目指す人だけでなく、窓装飾をはじめインテリアにかかわる多くの方々にこの本をぜひご活用いただきたく、心を込めてお届けします。

ファブリックワークス　代表
インテリアスタイリングプロ　名誉顧問

塩谷 博子

「自分らしさ」を形にするための手がかりに

「自分らしさ」という目に見えにくい価値＝情緒的メリットは、現代人のインテリアに欠かせません。

例えば地域の特性を生かした提案や、顧客の思いをスタイリングに取り入れストーリー性を持たせた提案、最新トレンドを駆使した提案など……。提案するデザイナーや状況により方法やスタイルはさまざまですが、どれも顧客にとって大きな意味を持つものとして役立ちます。

それらを形にするための商材やテクニックも日進月歩しています。窓装飾をはじめとしたインテリアのプログループ「インテリアスタイリングプロ」は、毎月の勉強会や情報交換を通して、つねに新しいスタイルや技術を学んでいます。また各自が自宅をステージとして"実験"を繰り返し、より自分らしいスタイルを追求し続けているのです。

本書では実験の一端をお見せするとともに、どのように情緒的メリットの実現につなげていくかを紹介しています。この本が新たな学びの材料となることを願っています。

これからも「自分らしい」インテリアの楽しさ、美しさを伝え続けるために、わたしたちは学び続けます。

フリートゥビーミー　代表
インテリアスタイリングプロ　代表

前畑　順子

Contents

- 002 はじめに
- 007 第1章
インテリアデザイナーの住む家 Designer's House

- 008 **Case01**
  Sheer Magic of Light and Shadow
  海辺の光、都会のあかり
  ——木村さちこ

- 016 **Case02**
  My home is for my experimentation!
  レボリューショナリー・インテリア
  ——ヒデキ & shio

- 024 **Case03**
  Color and Pattern in Trend
  色と柄を着こなす家
  ——越川洋平

- 032 **Case04**
  Life is Art, Interior is Art.
  湖畔から発信する
  アール・ド・ヴィーヴル
  ——寺田由実

- 040 **Case05**
  Beauty of Proportion and Balance
  プロポーションセンスから
  生まれるエレガンス
  ——森 澄子

- 048 **Case06**
  Beautify it Yourself
  〝美IY〟でウインドウ七変化
  ——大西ゆかり

- 052 **Case07**
  Contemporary Classic and Beyond
  コンテンポラリーと
  クラシックの共演
  ——REIKO

- 058 **Case08**
  Show it with Flowers
  花と暮らすインテリア
  ——室賀裕子

- 062 **Case09**
  Play with Colors and Patterns
  パターンが映える楽しい窓辺
  ——中島淳子

- 068 **Case10**
  a Roomful of Nature
  緑を感じるインテリア
  ——日吉 啓

073	第2章 顧客の心をつかむテクニック How to Appeal to Clients	097	第3章 アイデア&テクニック Ideas & Techniques
074	STORY スタイリングにストーリーを持たせる ——渡邉明美	098	カーテントップスタイリング
080	FLAVOR プラスαの味付けを施す ——鈴木恵美子	102	サイドスタイリング
084	MEMORY 顧客の思い入れを次に引き継ぐ ——丸山千里	104	ボトムスタイリング
086	VALANCE バランスを駆使して ワンランク上の窓まわりを提案 ——平多千春・梶川完之・梶川 聡	106	バランス
090	ACCENT 機能的インテリアの中に デザインを効かせる ——西村優子	110	ファブリックアクセサリー
092	TROMPE-L'OEIL ウィットに富んだだまし絵で 見る者を楽しませる ——佐々木智美	112	チャイルドセーフティー
		114	取り付け
		118	付録1 インテリアデザイナーの おすすめマテリアル Fabric［Basic］ ［Pattern］ ［Trend］ ［Sheer］ Accessory Curtain Rail Screen & Blind
		126	付録2 関連メーカー&ブランド一覧

第1章

インテリアデザイナーの住む家

デザイナーは、商材を適切に選択する能力があることは当然ですが、
それぞれ独自のシナリオを持ち、自身のブランド化を図ることが必要です。
そのシナリオに求められるものは、
デザインの表現法がオリジナルであり、ターゲットとする顧客の価値観、
特に情緒的な価値観に訴えるものであることです。
自宅はシナリオを実践・実験する場所として機能します。
その結果に顧客が共感・信頼し、そして実際のビジネスにつながるのです。
経歴や職域の異なるデザイナーたちがどのようにしてそれを確立し、
実践しているかをご覧ください。

Designer's
House

Sheer Magic of Light and Shadow

海辺の光、都会のあかり

木村さちこ | *Sachiko Kimura*

さまざまなファブリックを駆使して活躍するデザイナーが
近年注目しているのがシアーの力。
その透明感や幾重にも重なり合って生まれる奥行きで、時間とともに
移り変わる日の光や外の風景をインテリアの一部に変えていきます。

Designer's House Case 01

1 ダイニングの大きな掃き出し窓のあしらいは、両端からの出入りを考慮してシンプルなオープンスワッグに。 **2** リビングダイニング全景。レザー張りのソファやウォールナット素材の家具が醸す重厚なイメージをシアーが和らげ、インテリアのバランスを取っている。

Item List

シアー:〈ドット柄〉〈椰子の葉柄〉ニーディック
〈無地〉フジエテキスタイル
カーテンレール:トーソー
クッション:クリエーションバウマン、
クリスチャン・フィッシュバッハ

シアー on シアーのテクニックで
海辺の強い日差しを優しい光に

陽光きらめく海の表情を窓まわりにデザインした。虹色に輝くシャイニーなドット柄シアーと、無地のボイルを重ねたダブルのオープンスワッグ。波をイメージしたバナーを垂らしてエレガントに。風に吹かれてクルクルと変わる表情も魅力的。

1 東京都心に立つタワーマンション上層階。バルコニーに面した大型の窓の外には、遠くに富士山、近くには都会のビル群がパノラマのように広がる。景色と窓のスケール感を生かしたウインドウトリートメントを模索したデザイナーは、オパール加工の貴婦人たちがダイナミックに描かれたシアーファブリックを選択。日中は外部とのコントラストで柄が影絵のように見える。
2 シアーの柄の一部から抜け出してきたようなアイアン製のキャンドルスタンド。ソファの上に吊した大ぶりなランタンと素材を揃えることで、インテリアの完成度をさらに高めている。

3 夕刻。西日を受けてシアーもオパール加工された人物もほのかなオレンジ色に表情を変える。柔らかな日差しが差し込み、貴婦人たちのシルエットが部屋中に踊るのもこの時間帯ならではの楽しみ。 4 壁に映り込んだシルエットもインテリアの一部になる。

さらに日が落ちると外には街のあかりが、部屋には間接照明が灯り、落ち着きのあるリラックスした雰囲気に。オパール加工された柄も映える。

Item List

ファブリック：クリスチャン・フィッシュバッハ

時間とともに移ろう街のあかりを
シアーカーテンの窓辺に閉じ込める

How to make the coordinates

コーディネート解説

Designer's Concept コンセプト

シアーから生まれる
光と影の幻想的な空間

Profile
木村さちこ
Sachiko Kimura

　長年さまざまなファブリックを駆使し、数多くのスタイリングを提案してきたデザイナー。最近のトレンドである吹き抜け窓など大型窓への対応を重ねるうちにシアーファブリックを通した光の美しさに心打たれ、それをもっと生かしたいという思いが強くなったといいます。湘南・逗子と東京都心の自宅の窓をシアーを使ってコーディネート。異なる環境を考慮し、光を生かしながら個性が際立つ美しい窓辺に仕上げています。

株式会社オカザキにて19年間ホームスペシャリストとして個人邸、店舗、ホテルのスタイリングを数多く手がける。現在はフリーランスとして活動。上品で洗練されたヨーロピアンクラシックを基本としたスタイルを得意とする。

ファブリックマジック／D'Arc Deco（ダルクデコ）
東京都渋谷区神宮前 5-18-5　Tel. 03-6427-5030
www.fabric-magic.com/　www.darcdeco.com/

Room Scheme
ルームスキーム

どちらも「光」を楽しむために、ホワイトのシアーファブリックを中心に色数を抑え、素材感を引き立たせたコーディネートです。2つの自宅事例に登場する家具やソファはじつは同じもの。しかし、壁や床材のチョイス、窓まわりのあしらいによって、まったく異なるインテリアに仕上がっています。

▶ **逗子の自宅（p8～9）**
テーマは「海辺の光」。数種類のホワイトのシアーを重ねた優しくニュアンスのある窓まわりが、海からの強い光を和らげます。壁は塗装仕上げ、床は木肌が目立つウォールナット材が張られ、ナチュラルな雰囲気に仕上がっています。海の色を溶かしたようなグラデーションのクッションもポイントです。

ウインドウトリートメント：白シアー
壁：白塗装
床：ウォールナット（フローリング）
家具：ウォールナット
ソファ：アンティークレッド（革）
クッション：モーヴ、マゼンタ、バイオレット、アズライトブルー、プルシアンブルー
照明：クリスタルのシャンデリア

▶ **東京の自宅（p10～11）**
テーマは「都会のあかり」。タワーマンション上層階、バルコニーに面した大型の窓を生かした装飾です。貴婦人たちが大胆に浮かび上がるシアーファブリックが、ウォールナット材の家具、革張りのソファなどのクラシカルな雰囲気をさらに盛り上げます。小物類もやや重厚感のあるものが配されています。

ウインドウトリートメント：白シアー
壁：白壁紙
床：チェリー（フローリング）
家具：ウォールナット
ソファ：アンティークレッド（革）
照明：アイアンのランタン、クリスタルのシャンデリア

Problem & Solution　課題&ソリューション

1 シアーを重ねて光を生かしながら和らげる

▶ 問題点・課題
大きな窓が海に面しているため、強い日差しや反射する光への対策が必要でした。また、ダイニングの横長の掃き出し窓は、中央がFIXで両片開きのタイプ。出入りのため両サイドはフリーにする必要があり、テールなどの装飾が邪魔になる恐れがありました。

▶ 窓タイプ
中央FIX・両片開きの掃き出し窓

▶ ソリューション
透明感のあるシアーを重ねることで、光を和らげつつ景色を楽しむことができます。両サイドをフリーにするために採用されたのが、オープンスワッグのみのスタイル。両サイドに垂らすテールの代わりに、スワッグと共生地で仕立てたフリルのバナーを数カ所に取り付け。窓を開閉するたびにバナーが揺れ、窓辺にリズムが生まれます。

2 大きな面積を生かしてストーリーを紡ぐ

▶ 問題点・課題
高層マンションならではの、空と一体化するような大きな窓。それをどのように生かして装飾するかが課題でした。

▶ 窓タイプ
大型の掃き出し窓

▶ ソリューション
大きな窓を生かして楽しい物語を表現するために、デザイナーが選んだのがオパール加工の貴婦人たちが大胆に描かれたシアーファブリックです。4段のストーリーがバランスよく納まるように、柄の始まりの位置を設定しています。シアー素材のため、最大の長所である窓からの景観も損なうことなく楽しめます。

3 柄やアクセサリーで白1色の空間に奥行きを持たせる

窓からの風景と移り行く光を楽しむために、白のシアーonシアーでしつらえたカーテン。無地に虹色のドット柄や椰子の葉柄を合わせたり、波をイメージしたフリルのバナーをあしらう工夫で、単調にならず奥行きが生まれています。

4 シアーの揺らめきに共鳴するクリスタルの輝き

シアーファブリックとクリスタルの相性は抜群。クリスタルシャンデリアの虹色の輝きはシアーを通して差し込む光を受けて揺らめき、形を変えながら壁を彩ります。互いに共鳴し合い、空間にさらなる豊かさをもたらします。

顧客への提案
Styling for Clients

一口にシアーといっても、色や柄によりその表情はさまざま。シアーの魅力を追求するデザイナーは時と場所に応じて使い分け、空間に明るさと華やぎを与えます。

カーテンに合わせてモールディングを取り付け、壁紙も貼り替えた。色を合わせたたくさんのクッションも、この部屋にしとやかなかわいらしさをプラスしてくれる。

Point ①
淑女の魅力を上品なモーヴ色シアーで演出

素敵に年を重ねられた奥さまのために上質な素材と色を選び、品よくエレガントな窓辺をデザイン。ここでもシアーの美しさが生かされています。高さを抑えたツイストパフバランスとシアー2色使いのオープンスワッグの組み合わせが、開口部を広く見せています。シアーのスワッグが部屋をほのかなピンク色に染め上げます。

1 ボイルのチェアカバー。2段にプリーツ加工したスカートで甘さを抑えた。 **2** ドレパリーのファブリックは深みのあるモーヴ色の織柄。ビーズオーナメントを絡ませたたっぷりとしたツイストパフでサイドとボトムを縁取り、装飾性を高めている。スウィーピングボトムでゴージャスに。 **3** バランスのコーナー部分。シアーのフラワーをあしらったテールで華やかに彩った。

1 玄関ホールの小窓。美しいドーム形の照明の背景としてスミレの花咲く水辺をイメージ。4色のシアーを重ねたロッド通しカーテンを取り付けた。 2 無機質なトイレの小窓は、鮮やかな花がプリントされた不織布で彩った。トップは30色の細いサテンリボンを束ねたタブスタイル。高価な生地のため1リピート分だけを使用し、デザインで工夫を施した。丈の不足分は落とし分を活用したが、そのまま継ぎ合せると柄が合わない。そのため採光も兼ねて間に無地のオーガンジーを挟み、問題を解消した。 3 柄の1段のみを大胆に切り取り、キッチン小窓のパネルカーテンに仕立てた事例。味気ない小窓もパッと華やぐ。

Point ❷
シアーの力で何げない小窓が印象的に変身

　玄関、トイレ、洗面所、キッチンといった場所は、リビングルームなどメインの部屋に比べて窓も小さく暗く、インテリアもおざなりにしがち。だからこそシアー生地を活用して華やかさや明るさを加えると、その印象は見違えます。アクセサリーをプラスしてアーティスティックにまとめても、小さい面積のため悪目立ちすることがありません。

4 大きなダマスク柄シアーの美しい透け感を生かすため、ドレープを付けながら壁2面と天井にもあしらい、3Dアートのように奥行きを持たせた。鏡のオーナメントとアンティークプリントの額装もデザインの一部に。 5 硬質なイメージの洗面所が、シックな色合いのシアーのオープンスワッグでエレガントに変身。洗面台下にもスカートを履かせて排水管を隠している。

自宅は壮大な実験場。オリジナルのデザインを日々研究する

Item List

- ⓐ ウインドウファブリック：サンゲツ
- ⓑ ウインドウファブリック：マナトレーディング、カサマンス、フジエテキスタイル、decorators オリジナル
  ソファ張地：エリティス
- ⓒ スクリーン：クリエーション バウマン
- ⓓ スツール張地：カサマンス
  ハンギングチェア内ファブリック：マリメッコ、サンゲツ

1 2014年時点のリビングルーム、吹き抜け窓のウインドウトリートメント上部。手前に張り出した雲の形のペルメットに「LOVE」のロゴをあしらった。
2 同じ窓の2009年バージョン。波形にうねる立体的なペルメットと大胆な色や素材使いのカーテンが革命的と評価され、米国 Window Fashion Vision のデザインコンペティションにてレボリューショナリー賞を受賞。
3 2007年時点の様子。パネルカーテンを非対称に合わせた。

My home is for my experimentation!

レボリューショナリー・インテリア

ヒデキ & shio | *Hideki & shio*

デザイナーにとっての自宅は、革新的なデザインやウインドウトリートメントを臆さずに試すことができる実験場。さらにその成果を顧客に伝えるショーハウスでもあります。さて、次に生まれるのはどんなインテリアでしょうか？

左ページの写真1のスタイリングを1階から見る。色や柄をアシンメトリーに組み合わせたドレパリー。左の無地には横使いのストライプ柄生地でバンディングトリムを、右の柄には無地と同系色のゴールドのオーナメントをタッセル風にあしらってゴージャスに。

Designer's House Case02 | 017

ベッドヘッドを覆うキャノピーは装飾の役割を果たすほか、空調の風や音を遮断して安眠効果も期待できる。インテリアの自由度が高いベッドルームでは、デザイナーが好きな素材や色、気になるアイテムがさらに大胆にコーディネートされている。

寝室は思い切り遊び心を発揮できるプライベートな場所

1 カーテンのボトムトリートメント。キャノピーと同じブラック＆ホワイトの生地の裾に白いシルクファーのバンディングをあしらってボリュームを出した。 **2** ベッドルーム全景。奥の窓にはアシンメトリーのドレパリー。円を連ねたトップトリートメントはDIYで製作。

Item List

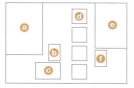

- **a** キャノピーのファー、キャメル色のベルベット、ベッドスロー：カサマンス
  キャノピーのカーテン：デザイナーズギルド
  窓のストライプのシェード：デザイナーズギルド
  ピンクのシアー：キファソ
  クッション：フォルナセッティ、ニーディック
- **b** カーテン：デザイナーズギルド
  シルクファーのヘム：カサマンス
  ヒョウ柄生地：decorators オリジナル
- **c** ベッド：MOLTENI&C
  スツール張地：カサマンス
- **d** 壁紙：アイフィンガー
- **e** バーチカルブラインド：タチカワブラインド
  壁紙：デザイナーズギルド
- **f** シェード：JAB

3 階段室。壁には既存の黄緑の無地のほか、椰子の木がダイナミックにプリントされた壁紙を新たに貼った。　4 オレンジのフレームとサイズに魅力を感じ手に入れたミラー。広い範囲が映り込み、視覚的な効果も楽しめる。　5 キッチュなシルクスクリーンのアートをパウダールームの壁に。犬柄の壁紙と合わせて遊び心のある空間が完成。　6 2009年のリビングの様子を外から。ウインドウトリートメントが夜の闇の中に美しく浮かび上がる。当時はソファの背後に大きな馬のアートをデコレーションしていた。　7 エントランスはカラーコンビネーションのバーチカルブラインドがポイント。柄の壁紙や大型のミラーをお試しで玄関にあしらっている。　8 ダイニング。バルーンシェードのスワッグをあえてルーズに取り、本来エレガントなスタイルをナチュラルに見せている。

気になるアイテムはすぐにお試し。"トライ＆エラー"の精神が大切

Designer's House Case02 | 019

How to make the coordinates

コーディネート解説

Designer's Concept コンセプト

アシンメトリーが駆使された「ここにしかない」デコレーション

ヨーロッパの洗練されたトレンドを日本のインテリアシーンに伝えたい。アシンメトリーのウインドウトリートメントのパイオニアとして、その思いを革新的なデザインや色使いで表現するdecoratorsの2人。自宅をショーハウスとして、独創的な窓装飾や大胆な家具、アクセサリー使いを実践。体験に基づいたデザインや機能性を唯一無二のインテリアとして顧客にアピールし、ビジネスにつなげています。

Profile
ヒデキ & shio
Hideki & shio

1987年独立。98年頃からヨーロッパの展示会やコンテストに積極的に参加。トレンドを取り入れた独自のソフトファーニシングスタイルを切り開き、海外でも高い評価を獲得。日本各地でセミナー講師を務める。

decorators（デコレーターズ）
大阪府高槻市芥川町1-7-8　Tel. 072-683-5115
www.decorators.jp/

Room Scheme　ルームスキーム

左写真のウインドウトリートメントは、ベースカラーのシルバーにマスタードとターコイズを効かせて大胆に。中写真のベッドルームは、アクセントカラーのショッキングピンクが遊び心いっぱいの空間をつくります。一方、右写真のエントランスは穏やかな色合わせでクリーンな印象に仕上がっています。

ベースカラー：シルバー
メインカラー：マスタード
アクセントカラー：ターコイズ

ベースカラー：ホワイト
メインカラー：ブラック
アクセントカラー：ショッキングピンク

ベースカラー：ホワイトベージュ
メインカラー：グレー
アクセントカラー：ピーチ

Problem & Solution　課題&ソリューション

1　絶えず変わる「家の顔」でいつでも新鮮な空間

▶ **問題点・課題**
高さのある大きな吹き抜け窓は家の顔。ここをどう彩るかで全体の印象が決まります。シンプルに生地を吊すだけでは実現できない、個性の演出が必要でした。

▶ **窓タイプ**
吹き抜け窓

▶ **ソリューション**
右写真では、赤いドット柄のハーフトランスペアレントの生地と大きな花のプリントレースを可動式のパネルトラックに掛け、重ねの楽しさを表現。左写真はドレパリー&シアーの実験。ドレパリーは柄生地をアシンメトリーで吊り、サイドにストライプ生地をシンメトリーに重ねています。2色のシアーを上下の切り替えにして単調になりがちな昼の顔にアクセントを追加。同じ窓に対してさまざまな手法を駆使して異なる窓装飾を施すことで、つねにインテリアの鮮度が保たれています。

2 大型エレメントのあしらいにも工夫をプラス

▶ **問題点・課題**
独創的なバランスをデザインすることと、設置の簡略化・軽量化が大きな課題でした。

▶ **窓タイプ**
吹き抜け窓

▶ **ソリューション**
バロック様式の教会をイメージしてデザインしたコーニスバランスは、前後左右にうねらせるだけでなく上部も前傾させてスタイリングに動きを出しています。バランスの裾にはアクセントスワッグ&テールをあしらってヨーロッパ風に。さらに「LOVE」のロゴを添え、新鮮な印象に仕上げました。大型コーニスバランスの課題のひとつが、重量により設置に困難を伴うこと。そのため、芯材の軽量化を図るとともにワンタッチブラケットを使用することで、少人数での取り付けを可能にしました。

3 共布で異なる様式のアイテムをなじませる

▶ **問題点・課題**
デザイン的に物足りないベッドルームのアクセントにはキャノピーが一番。ただし、コンテポラリーテイストのインテリアに本来クラシックなキャノピーを適用できるかどうかが課題でした。

▶ **ソリューション**
新たなデザインによるストレスを避けるため、カーテンに使用した素材でキャノピーを製作。窓辺のバランスとの兼ね合いを考えてキャノピーはカラー・形ともに比較的シンプルに仕上げています。全体の素材とカラースキームを揃えることで、キャノピーが違和感なくコンテンポラリーテイストの部屋になじんでいます。

4 視線を中央に集めるオリジナルキャノピー

独創的なデザインのキャノピー。ペルメットを馬跡形に仕立て、アクセントにマスタード色のベルベットとオーナメントを吊りました。キャノピーで囲った窓のシアーもオーストリアンスタイルにつくり直し、フォーカルポイントを中央に揃えています。

5 シルク生地を紫外線から守る試み

見た目の美しさを優先して、白黒ストライプ柄のシルクの生地には裏地を使用していません。その代わりにヒョウ柄のドレープを2重吊りし、日光の紫外線のダメージからシルク生地を守っています。ファーのトリミングも装飾と保護の役割を果たします。

顧客への提案
Styling for Clients

デザイナーが自宅という名のアトリエでさまざまに試したデザインや素材を、顧客のタイプやシチュエーションに適応させた事例です。

Point ①
ファブリックの間仕切りでエレガントなサロン空間

ネイルサロンの新設に伴うウインドウアイキャッチと内装デザインの事例。「どこにもない世界、どこでもない世界」が依頼主の希望でした。デザイナーは、通りに面したショーウインドウが物言わぬキャッチ・オブ・セールスになるデザインを提案。エレガントでありながらも、ほんのり毒のある、遊びの効いたスタイルを演出しています。

顧客所有のトカゲの装飾に合わせてゴシックテイストの妖しげな雰囲気を演出。スペースを分ける間仕切りは、紫色のシアーやスノーホワイトのベルベット生地にブラックフェザーのトリムを施し、細部まで手を抜かずに仕上げている。
ネイルサロン：corsage

1 照明の黒いシェードに合わせて、クラシックテイストのチュールレースを採用。両サイドに白黒のストライプ生地を横使いであしらい、全体の雰囲気を引き締めた。　2 フットケアのコーナー。間仕切りに中世の貴族をデザインしたシアーを用い、ボトムに3段フリルを縫い付けた。裏にはパープルのレースを吊り、気分に応じて色を重ねて使うことができる。　3 白黒ストライプのバランスにサーモンピンクのスワッグバランスを追加し、クールな雰囲気に女性的な温かみをプラスした。

Point ❷
プライベートや非日常の場に映える大胆な意匠

　人が集まるリビングダイニングでは、ベーシックなスタイルがまだ主流。一方、個人の好みを反映しやすく、明日へのパワーをチャージしたいプライベートルームでは、顧客の意向を聞いた上で、ほかの部屋では取り入れにくい大柄や大胆な色、意匠を提案することもあります。そうしたデザインは店舗やイベントなどの非日常な場でも効果的です。

1 個室のあしらい。大きな鹿の模様が空間に躍動感を与えてくれる。コストを抑えてデザインを生かすために、巾の不足分は色合わせした無地の生地を両サイドに継いでいる。　**2** デザイナーが自宅で試したキャノピーを顧客のベッドルームに応用した例。ドレパリーと同じサテン生地で仕立て、フェイクファーのトリミングをあしらい豪華に。全体を同系色で揃えてまとまりを出した。　**3** カフェの事例。空間を広く見せる大型のミラー使いもまた、自宅でのスタイリングの応用。素敵な空間の中に自分の姿を見つけるワクワク感が伝わる内装。　**4** 神戸の酒蔵で開かれたパーティーのエントランスデコレーション。デコラティブなコーニスバランスがゲストを迎える。

Point ❸
大きな柄は引き算の要領で無地と合わせる

　一般家庭では大胆なデザインの生地を全面に使うには少しためらわれることも。その場合は柄の分量を減らし、柄の1色から取った無地の生地を合わせる「引き算の組み合わせ」でうまくまとめることが可能です。

グラフィカルなフラワー柄を横いっぱいには使わずに、ローズピンクの無地にグリーンのヘムを付けてデザイン。縦長の右の窓では縦方向につなぐことで、全体にリズムが出て面白い仕上がりになった。

Color and Pattern in Trend

色と柄を着こなす家

越川洋平 | *Yohei Koshikawa*

色や柄、素材感からなるファブリックの美しさを皆に伝えたい……。
その思いから、ファブリックの分野では一日の長のあるヨーロッパの
トレンドを積極的に取り入れ、独自の解釈を加えるデザイナー。
そんな姿勢を体現する、色と柄を素敵にまとった家です。

Designer's House Case 03

1 ヨーロッパの都会のイメージでしつらえたリビングルーム。シックにまとめた内装に、パープルやピンクの花柄、白黒ストライプ、ピンクの無地をつないだカーテンが映える。 **2** ダイニングのテーマは「洗練されたラスティック」。ヴィンテージ仕上げの床や造作家具、シャンデリアにモダンなテーブルとチェアを合わせて。アルプスのスキー場がデジタルプリントされたシアーは1巾では窓巾に少し足りないため、ビビッドな黄緑の生地を両端に足した。 **3** ミッドセンチュリーのシネマがテーマのプリント生地を、ヴィンテージゴールドのフレームで額装。

Item List

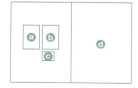

- **a** ファブリック:デザイナーズギルド
  カーテンレール:トーソー
- **b** シアー:クリエーションバウマン
  シェード:アルデコ
  カーテンレール:トーソー
  柄壁紙:デザイナーズギルド
- **c** ファブリックパネル:アンドリュー・マーチン
- **d** 壁紙:ヤコブ・シュレイファー

玄関の壁にあしらったのはヤコブ・シュレイファーの色鮮やかな壁紙。巾約7mで1枚の絵になるデザインの一部を切り取り、1面だけに貼った。ラミネート加工されているため耐久性があり、水拭きもできてメンテナンス性も高い。

色やパターンの重ねが織りなす
深みのある空間

1階トイレは水彩タッチのエスニック柄の壁紙を奥と手前の2面に貼り、左右の壁は金箔風の壁紙と、トレンドの色柄でまとめた。小さいスペースならではの大胆なコーディネート。

ニッチな場所だからこそ大胆に遊び心を表現

リビングから子ども部屋へと続く階段は、怪しい世界へ導くようなイメージ。ピンク×モノトーンのコントラストが目にも鮮やか。

1 2階トイレは1階とは趣を変えてロマンチックなイメージに。まず照明を決め、ライトが映える壁紙を選んだ。**2** 玄関と同じブランドの生地をアクセント壁紙として使用。照明の光できらめくラメと、ナチュラルな草花モチーフとの対照がユニークなデザイン。

Item List

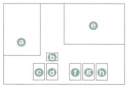

- **a** 壁紙：ハーレクイン、サンゲツ
- **b** 壁紙、天井クロス：デザイナーズギルド
  カーペット：東リ
- **c** 壁紙：デザイナーズギルド
  ペンダントライト：クラシカ
- **d** アクセント壁紙：ヤコブ・シュレイファー
- **e** ウインドウファブリック：アルハンブラ、カサマンス、ガンセド
  ファブリックパネル：アルハンブラ
- **f** ウインドウファブリック：アルハンブラ、ガンセド
  アクセント壁紙：アイフィンガー
- **g** ハニカムシェード：ルーセントホーム
  ウインドウファブリック：フジエテキスタイル
- **h** ウインドウファブリック：デザイナーズギルド、ウィンド
  壁紙：カサデコ、ハーレクイン

1

2

黄緑×ビビッドピンクの補色使いがエネルギッシュなプレイルームのテーマは「子どもの城」。腰高窓のウインドウトリートメントはそれだけでひとつの城のよう。

テーマは「子どもの城」。
夢あふれる窓まわりに

3 プレイルームの小窓はカラースキームを踏襲しつつ、別のスタイルでまとめた。ギャザートップがキュート。 **4** 子どもの寝室の小窓はハニカムスクリーン。断熱効果が高い上に、上下開閉が可能で下からの視線が気になる窓に最適。チャイルドセーフティーを考慮してコードレス式に。バランスは、メインとテールで個別にカットした生地をバイアステープで縁取り、壁のヒートンにリボンで取り付けた。 **5** 4と同室のメインの窓は、ティアラのようなバランスやピンクの花柄、同系色のスワッグなどおしゃまな女の子にぴったりのかわいらしさ。

How to make the coordinates

コーディネート解説

Designer's Concept コンセプト

ファブリックは住まい手の
ライフスタイルを表現するエレメント

Profile
越川洋平
Yohei Koshikawa

ファブリックの美しさや楽しさは色、柄、素材感から生まれます。その力を顧客に伝えることがこのデザイナーのメインテーマ。長年ヨーロッパのトレンドを調査し、その中から日本のインテリア風土や提案したいスタイルに合うものを調達。色柄を生かした斬新なデザインを自宅で試しウェブで紹介。トレンドの色柄を駆使したデザインとウェブの活用により、新規顧客の獲得や顧客の満足度アップにつなげています。

1998年株式会社カーテン館「窓」入社。2005年に独立し、株式会社オーブインターナショナル設立。3000件以上のコーディネート実績を持つ。メディア出演、セミナー講師、執筆等、精力的に活動を行う。
株式会社オーブインターナショナル
神奈川県横浜市都筑区牛久保西4-2-24
Tel. 045-507-8868　www.c-aube.jp/

Room Scheme　ルームスキーム

いずれも鮮やかな色使いが印象的なインテリア。ベースカラーのホワイト、アクセントカラーのビビッドピンクは共通しているものの、補色や同系色などメインカラーの違いでまったく異なる空間をつくり上げています。

ベースカラー：ホワイト
メインカラー：ブルー
アクセントカラー：ビビッドピンク

ベースカラー：ホワイト
メインカラー：黄緑
アクセントカラー：ビビッドピンク

ベースカラー：ホワイト
メインカラー：ピンク
アクセントカラー：ビビッドピンク・パープル

Problem & Solution　課題&ソリューション

1　組み合わせで空間の見せ方もコスト問題も解決

▶問題点・課題
部屋の主役である高さ4.3mの吹き抜け窓をどのように生かすかが課題。生地を大量に必要とするためコストの問題もあります。

▶窓タイプ
吹き抜け窓

▶ソリューション
パープルやピンク、ブルーの花柄がインパクト大の麻生地を1巾だけ使い、白黒ストライプ柄の生地とピンクの無地をつないで空間を引き締めました。ストライプ柄を使うことでより高さが強調され、開放感が生まれています。3万円／mの花柄と4000円／mのストライプ柄を組み合わせることで、コストの問題も解決しました。この「組み合わせで意匠性を高めながらコストを抑える」テクニックはウェブ上でも反響が大きく、多くの事例に応用されています。

2 子どものための王国をとことん追求したデザイン

▶ 問題点・課題
子どもが遊ぶためのスペースの窓は、ウインドウトリートメントにも遊び心を加えて夢のある部屋にしたいという希望がありました。

▶ 窓タイプ
腰高窓

▶ ソリューション
「子どもの城」というテーマを設け、色と柄を盛り込んでいます。壁は黄緑色の壁紙をベースに鳥柄のアクセント壁紙を2面に配して楽しさを演出。メインのカーテンは、城にちなんでフラッグの柄を選択。シアーのスワッグやファーをあしらいカラフルな中に品のよさを表現しています。トップにアラブの城が刺繍された生地を切り抜いて配置。夢の王国にふさわしい窓辺になっています。

3 天井勾配の圧迫感を和らげるソフトなバランス

▶ 問題点・課題
寝室への子どものリクエストは「お姉さんっぽくしてほしい」というもの。なお、天井から窓にかけて勾配があり、バランスの設置に制限がありました。

▶ 窓タイプ
腰高窓

▶ ソリューション
ピンクとパープルの同系色のみのトーン on トーンコーディネートで、プリンセスを夢見る子どものためにやや大人っぽいかわいらしさを加えました。バランスは天井の勾配を意識して、綿を入れてソフトに仕上げたボタン留めのヘッドボードのようなデザインを採用。中央から左右に向かって全体的にカーブさせて奥行きを出しています。寝室のため断熱性を重視し、カーテンには裏地を付け、ヘムには綿を入れています。

4 主張の強い柄同士は色数を抑えてまとめる

リビングから直結する階段は、「見て楽しめる空間」をテーマにデザインしたもの。ショッキングピンクのクロコダイル柄の壁紙、モノトーンの幾何学模様の天井クロス、黒とグレーのストライプのカーペット。ピンクとブラックのコントラストを生かしたカラースキームです。

5 間接照明は壁への反射を考慮

通常の部屋では隅に照明が設置されることはまれですが、トイレなどであればこういった遊びもあり。まずムラノガラスのペンダントライトを選び、光の反射がきれいに映る壁紙を選びました。同系濃色の天井クロス、太めのモールディングが全体を引き締めています。

顧客への提案
Styling for Clients

ヨーロッパのインテリアトレンドにも詳しいデザイナー。日本の一般家庭ではなかなか難しい鮮やかな色柄をうまく取り入れて洗練された空間を演出します。

1 同じ麻素材で柄違いの刺繍生地6種と無地を組み合わせ、1つの部屋に盛り込んだ。抑えたトーンと麻素材で、赤系が好きだが甘くしたくないという顧客も満足の大人のインテリアに仕上がった。　2 明るく楽しい柄を使ってみたいが、安っぽく煩雑な印象になるのは避けたいという要望。ベルベット地に南国の植物がデジタルプリントされた生地を1巾だけ使い、残りはストライプ柄と無地でコストを抑え落ち着きもプラスした。　3 ペルシャ絨毯のようなエキゾチックな柄の麻プリント生地と無地をセット使いした例。モダンな印象が増すとともに、コストダウンにも成功。

Point ❶
インパクトのある柄生地を効果的に配した窓辺

高価な柄ファブリックを主役にリーズナブルな生地を脇役として配し、コストを抑えながらデザイン性の高いオリジナルの窓辺をつくる効果的なテクニック。柄の1色と同色の無地で引き締めます。デザイナーの自宅で試した手法を、さまざまな場所で応用させたものです。一見難しい大胆な柄も、部分使いすることでなじみやすくなります。

花柄が気に入ったもののあまり甘くしたくない、個性もほしいという要望から、コストとの兼ね合いも考慮しつつデザイン。メインのドレパリーの間に入れた横方向のストライプが花柄の要尺不足を補い、隣の腰高窓のシェードとのつなぎ役も果たしている。

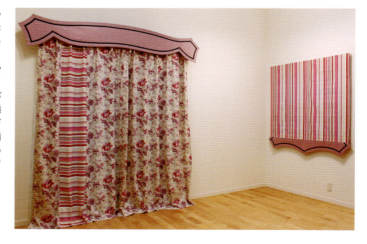

Point ❷
メリハリをつけてコストを抑えながら高級感を演出

　アンティーク家具が主役のダイニングルーム。ドレパリーはアイボリーのダマスク柄で壁の深いオレンジ色に対比させ、濃いブラウンの幅広トリムで引き締めています。大型窓のバランスはジョージアンスワッグ。掃き出し窓は2窓の距離が近くスペースも限られるため、カーテンボックスを残布でくるんで留めただけの手軽な仕上げです。

高価な生地もクッションなら要尺が少なくて済む。ベルベット地にデジタルプリントされた鮮やかなバラが、部屋全体を華やかに。

大型の腰高窓にはジョージアンスタイルのスワッグをあしらった。濃色の幅広トリムがモダンな表情を強調する。

Point ❸
色柄のファブリックをアートとして活用

　色柄が豊富なファブリックは、インテリアの仕上げとしてさまざまな形で活用することができます。代表的なアイテムがファブリックパネル。生地はもちろんのこと、サイズ、形状、フレームまで自由に選択できます。同様にカーテンも選ぶ生地によって1枚のアートのように見せることが可能。自由な発想の布使いが光ります。

1「ナチュラルの代名詞的なグリーンをシャープに使う」というハイムテキスタイルのトレンドを用いたコーディネート。幾何学柄のドレパリーと、植物がデジタルプリントされたシアーの組み合わせが新鮮。 2 玄関ホールに掛けたファブリックパネル。色とりどりの蝶が鮮明にデジタルプリントされた生地を、ブラック×ゴールドのフレームに納めてアートのように見せている。 3 広く空いた壁面に掛けたのは大きなファブリックパネル。部屋全体のシャープな印象を少し和らげるため、水辺の草花が描かれた幻想的な絵のプリント生地を使い、フレームレスで軽やかに仕上げた。

改装でまったく新しい姿に生まれ変わったリビング。アメジスト色の高品質なファブリックをベースに、クラシックなエレメントをモダンに昇華した品のよいハイスタイル。

Life is Art, Interior is Art.
湖畔から発信する アール・ド・ヴィーヴル

寺田由実 | *Yumi Terada*

山中湖近くでインテリアショップを営む、2児の母でもあるデザイナー。
リフォーム＆リファーニシングのテクニックで
L'Art de Vivre（アール・ド・ヴィーヴル）──好きなものに囲まれた
ハイグレードな暮らしを実現していきます。

Designer's House Case **04**

Before

改装前のリビングルーム。和室中心だった自宅をデザインの発信地としてリファーニシングしている。

クラシックをコンテンポラリーで仕上げたハイセンスな空間

1 デザイナーが得意とする切り替えや組み合わせのテクニックで、小物やアクセサリーなど細部までコーディネートされた空間。 **2** リビングの収納扉一面に鏡を貼り込み部屋全景を映すことで、奥行きが生まれている。

Item List

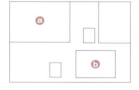

ⓐ ファブリック：ロモ、アルデコ
カーテンレール：トーソー
壁紙：オズボーン＆リトル
ⓑ ファブリック：カサマンス、フジエテキスタイル
カーテンレール：ウレス
壁紙：オメクスコ

ダイニングルーム。家具やウインドウトリートメントはクラシカルテイスト。そこにモダンな照明やアクセサリーを散りばめ、さらにアイボリー、ゴールドイエロー、シルバーのカラースキームでまとめ、高級感のあるハイスタイルを演出した。

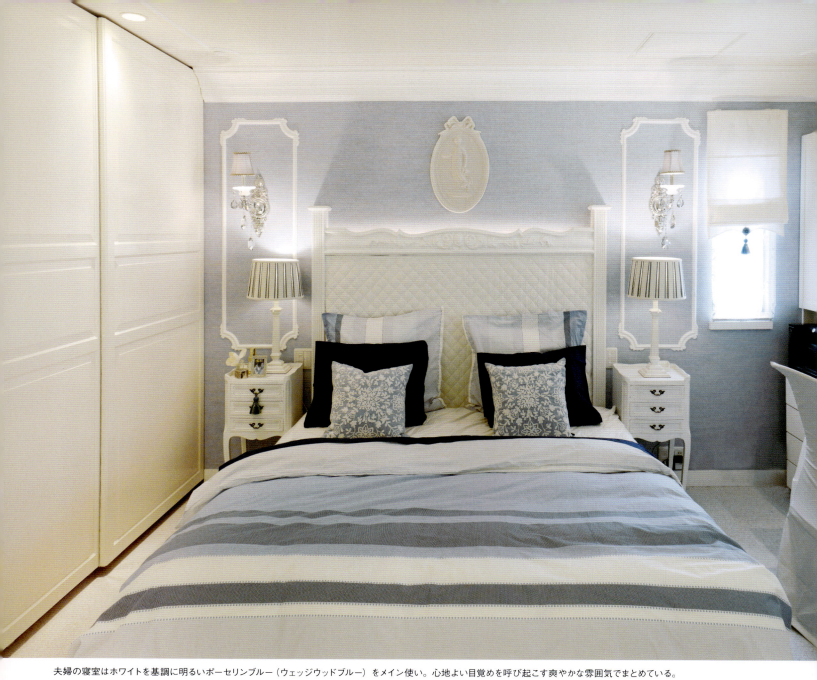

夫婦の寝室はホワイトを基調に明るいポーセリンブルー（ウェッジウッドブルー）をメイン使い。心地よい目覚めを呼び起こす爽やかな雰囲気でまとめている。

ホワイトとブルーのグラデーションで
清々しさ漂うベッドルーム

無地の白×ポーセリンブルーのシンプルな空間に、クッションやランプシェード、ベッドスプレッドにさりげなく柄を配しリズムを与えた。

1 主寝室として使っていた部屋を、男児の自我が育つタイミングで独立の子ども部屋に変更。ウォールステッカー貼りなどに子どもを参加させ、親子で楽しみながら作業。こうした作業を通してインテリアの大切さを子どもに教えている。 2 グレイッシュな色使いでヨーロッパの子ども部屋のようにシックにまとめている。

子どもの成長に合わせて空間を効率的にリファーニシング

3 出産の前にナーサリールームを準備。男女どちらにも合うようアップルグリーンを基調にまとめた。男女2人の子どもの幼児期は2台のベッドを入れて対応。 4 男児に独立した部屋を与え、こちらの部屋は女児の部屋に。それまでのしつらえを生かしつつ、女児の好みのピンクでベッドまわりやアクセサリーを整えた。

Item List

a ファブリック：MANOIR オリジナル
ブラインド：トーソー
壁紙：オメクスコ

b ファブリック：ジェーン・チャーチル
シアー：リリカラ
ブラインド：トーソー
壁紙：オズボーン&リトル

c ファブリック：ジェーン・チャーチル
シアー：リリカラ
壁ペイント：カラーワークス

Designer's House **Case04** | 035

How to make the coordinates

コーディネート解説

Designer's Concept コンセプト

家族のこだわりを取り入れながら好みのスタイルを実現する

Profile
寺田由実
Yumi Terada

　英国へのインテリア留学体験から、アール・ド・ヴィーヴル（L'Art de Vivre）＝ハイグレードな暮らしにこだわってインテリアをデザインするデザイナー。ハイグレードな暮らしとは質の高さだけでなく、好きな色やものに囲まれ幸せな気持ちで生活することと語ります。さらに共に暮らす家族のアール・ド・ヴィーヴルも考慮。家族皆が満足でき子どもにもよい影響を与えるインテリアを、英国仕込みのテクニックで実現しています。

イギリスでインテリアデザイン＆ファーニシングを学ぶ。帰国後、父親の経営するインテリアワタナベに入社。1995年にMANOIR設立。富士五湖地方周辺の住宅、別荘、店舗などのコーディネートを手がける。
MANOIR（マノワ）
山梨県富士吉田市下吉田5-33-31　Tel. 0555-24-3111
www.manoir.co.jp/

Room Scheme
ルームスキーム

　いずれの部屋もホワイトをベースに、明るいトーンのカラースキームを展開。家具類もホワイトを多用しています。左写真のリビングと中央の寝室は同系色のアクセントカラーを用い、グラデーションで品よくまとめています。右写真の子ども部屋はアップルグリーンをメインに補色のサーモンピンクを散らすことで、子どもらしい活動的な印象に仕上がっています。

ベースカラー：ホワイト
メインカラー：ソフトピンク
アクセントカラー：アメジスト、ピンク

ベースカラー：ホワイト
メインカラー：ポーセリンブルー
アクセントカラー：ネイビーブルー

ベースカラー：ホワイト
メインカラー：アップルグリーン
アクセントカラー：サーモンピンク

Problem & Solution 課題＆ソリューション

1　クラシカルなスタイルをモダンにアレンジ

▶ 問題点・課題
和室を洋室のリビングにリフォーム＆リファーニシング。共に暮らす夫のリクエストは「大胆な柄や奇抜なデザインは落ち着かないので避けてほしい」というもの。

▶ 窓タイプ
掃き出し窓

▶ ソリューション
顧客である夫の気持ちを優先してコーディネート。正統ヨーロピアンクラシックの重厚なしつらえは避け、現代的なアレンジを試みました。ウインドウトリートメントはベルベット素材の切り替えが入ったドレパリーとシアーの組み合わせ。トップスタイリングをハトメ処理にし、シャープで現代的な印象をプラスしました。フェミニンな色展開ながら濃いアメジスト色で引き締め、ロマンチックになり過ぎず落ち着いた印象に仕上げています。

2 明るく爽やかなカラースキームで心地よい目覚め

▶ 問題点・課題
従来の寝室は濃いブルーグレーを基調としており、やや暗い印象がありました。

▶ 窓タイプ
腰高窓

▶ ソリューション
白をベースカラー、明るいポーセリンブルーをメインカラーとしたカラースキームに変更。アクセントカラーのネイビーを配すことで、ぼやけがちな空間を程よく引き締めるとともに、PCやプリンターなどの電子機器も違和感なく部屋になじませることに成功しています。腰高窓にも白い木製ブラインドにシアーを重ね、自由に調光しながら明るい印象を保っています。

3 子どもと共に部屋を成長させて情操を育む

子ども部屋は情操を育むスペースであると同時に、しつけや教育の場所でもあります。子どもの成長に合わせて部屋のインテリアも成長させることがポイント。それは親が子どもを大切に見守っているというメッセージを送る絶好の機会でもあります。デザイナーは2人の子どもの成長の段階に合わせて、一緒の部屋から別々の部屋へと移行させることでそれを実践。元の部屋のしつらえを生かしつつアレンジを施したり、新たに設ける部屋の壁紙貼りを親子で共に行ったりすることで、子どもの中に「自分の部屋を大切にする」意識が芽生え、自分できちんと片付けることができるようになったといいます。

4 シルバーの小物でスタイリッシュに引き締める

リビングルームの家具や小物の一部にシルバーを採用。猫脚のコンソールやキャンドルスタンド、ブラケットなど形状はトラディショナルでも素材を変えることで、部屋全体がシャープでコンテンポラリーな印象にまとまります。

5 柄や質感を活用して空間に立体感を持たせる

白と明るいポーセリンブルーの色使いで構成された寝室。コントラストが弱く平面的になりがちな空間に、柄のクッションやランプシェードでアクセントを加えています。壁紙もブルーに杢が入った質感のあるタイプを選んでいます。

顧客への提案
Styling for Clients

アール・ド・ヴィーヴルを旨とするデザイナー。自宅のデザインを通して顧客へヒントを与えながら好みを引き出し、その人にとって心地よい暮らしを実現しています。

和室は寝室として使用。気になる目透かし天井をファブリックで覆い隠し、ヘッドボード側まで垂らしてプライベートな空間を演出。楊柳生地や和柄のクッションで和洋のバランスを取った。

Point ❶
大人の男性が暮らす
ラグジュアリーな空間

　ハイセンスな男性の家をトータルコーディネートした事例です。高層マンションの窓から見える豊かな自然や富士山、夜のライトアップ……。そんなコンテンポラリーな空間にはシンプルで透明感のある窓装飾がふさわしいと考えたデザイナーは、色柄を抑えた質感のある素材を選択。モノトーン配色のインテリアの中にシアーやビーズ、印象的な照明などでアクセントをつけ、シックでラグジュアリーな空間をつくり上げました。

1 ル・コルビュジエのテーブルにマルト・スタムの椅子を合わせたダイニングは、ガラス天板から見える椅子のハラコ模様がポイント。ガラスとワイヤーの印象的なシャンデリアはデザイナー自宅と同じオリジナル製品。 2 ダイニングからリビングスペースを眺める。 3 掃き出し窓のカーテンは花柄にしたいとのリクエストを受けたデザイナー。一輪の花をモチーフにした大胆な柄のシアーを選び、ブラウンの生地を胴継ぎしてレースカーテンに仕立てることで男性的な部屋になじませた。さらにビーズスクリーンをアトランダムに吊し、光とのコラボレーションを演出。プライバシー保護のため、窓側にはロールスクリーンを取り付けた。

Point ❷
既存の家具に合わせて顧客の希望をアレンジ

　中古物件のリノベーション事例です。バラや天使のモチーフ小物を多く所有する顧客の希望はロココテイスト。既存のイタリアンロココの家具や絵画、オブジェを生かし、ディテールにこだわって窓まわりや内装をコーディネートしています。ベージュやゴールド、ブラウンの落ち着いたカラースキームで、イタリアンロココ特有の重厚感や高級感のある空間に仕上がっています。

1 高級感あふれる貴族のサロンのように仕上げたリビング。　2 スリット窓はくもりガラス仕様。光を採り入れつつ透けないようにしたいという要望に応じ、掃き出し窓のドレパリーと同生地の幕帯とシアーを重ねてフラットカーテンを仕立てた。スワッグや縁取り、裾にあしらったロゼット状の装飾パーツ（カルティザン）で立体感を出し、細部までデコラティブにデザイン。　3 階段室の窓ではリビングと同様のスタイルで異なる生地を採用。色使いとロゼットスワッグでより華やかにまとめた。

Point ❸
現代のプリンセスのような活動的でかわいらしい部屋

　Point2と同物件の、大学生のお嬢さまの個室。コレクションしているドール（プーリップ）が似合う部屋にしたいというリクエストでした。そこで、リビングルームのクラシカルなロココテイストに対し、こちらは色や柄で女の子らしさやポップなテイストを加えた現代的なアレンジを採用。白ベースにパステルカラーを散りばめ、ゴージャスな中に若々しさを演出しています。

1 ベッドにキャノピーを設置。顧客の年齢や嗜好に合わせて色や柄を明るく、ボリュームも軽やかに仕上げた。　2 ラベンダー×マゼンタのタイバックでフェミニンかつポップなテイストをプラス。

Beauty of Proportion and Balance

プロポーションセンスから生まれるエレガンス

森 澄子 | *Sumiko Mori*

デザイナーが追求するのはアートな生活空間。
生まれ持ったバランス感覚、緻密に計算されたプロポーション、
さらに大胆なファブリックやアクセサリー使いで
洗練されたオリジナルの世界をつくり出します。

Designer's House Case 05

1 寝室の窓辺。生地の重なりがニュアンスを生む。**2** ドレパリーはサイドカーテンにし、スウィーピングスタイルに。ベルベットが柔らかなカーブを描く。**3** アクセントカラーに地中海をイメージしたターコイズブルーを採用。クッションにブラックのコードでアルファベットを描き、遊び心を演出。**4** 通路の窓には通行を妨げないフラットなシェードを設置。

Item List

ウインドウファブリック：デザイナーズギルド、カサマンス、マナトレーディング
タイバック：ウレス
クッション：デザイナーズギルド、クリスチャンラクロワ
ヘッドボード：フジエテキスタイル
壁紙：フォルナセッティ

地中海沿岸の街をイメージした
陽光差し込む心地のよい空間

通路から寝室にかけての壁にフォルナセッティの壁紙を貼り、アクセントウォールに。淡いオリーブグリーン地に描かれた版画のようなピオニー柄が華やかでありながらシックな印象。その迫力が空間にスケール感を与えてくれる。

Designer's House Case05 | 041

柔らかい日差しで気持ちよく過ごせる庭。朝の時間帯は清々しい空気に満たされる。

クローゼットの扉にゴールドのオリエンタル柄がエキゾチックな壁紙を貼り、1枚絵のように見せている。縁取りは既成のボーダークロスではなく52cm巾の壁紙を柄出しをしてカットしたもの。扉を開くと屏風のようにも見え、表情の変化も楽しめる。

ダイニングルームは螺旋階段のフォルムから想を得て、円形をモチーフとした。テーマは「春のファンタジー」。高窓下の壁面では水面に映る花や雪どけの春を表現。さざ波状の凹凸のあるオーガンジーをボードに張った大判パネルに、円形プリーツのオブジェを散りばめた。シェードのデザインとも呼応する。2011年米国 Window Fashion Vision Combination Treatments 2位受賞。

Item List

- ⓐ クローゼット扉の壁紙：デザイナーズギルド
- ⓑ シェード：ハンターダグラス
  バランス：クリスチャン・フィッシュバッハ
  トリム：オズボーン&リトル、ニナ・キャンベル
  ファブリックパネル：フェデポリマーブル
  円形オブジェ：クリスチャン・フィッシュバッハ、デザイナーズギルド
  シアー：カサマンス
- ⓒ ファブリック：デザイナーズギルド、カサマンス、サコ、オズボーン&リトル、マナトレーディング、フジエテキスタイル

豊かな発想力と大胆なデザインセンスで
唯一無二の空間を創造

吹き抜けで天井高のあるリビングルームの大型窓からは、緑豊かな庭の風景が楽しめる。「自然は多くの美と感動を与えてくれる」という考えのもと、宇宙からの光をテーマに宇宙、惑星、太陽、月、光をモチーフとした窓まわりをデザイン。コンテンポラリー・エレガンススタイルで華麗な窓辺の空間をつくり、ファブリックを透過する光の美しさを表現している。2010年米国 Window Fashion Vision Top Treatments 1位を受賞。

How to make the coordinates

コーディネート解説

Designer's Concept コンセプト

プロポーション&バランス感覚が光る
ラグジュアリーな空間

　美大にてビジュアルデザインを学んだデザイナー。その経験や持って生まれたセンスで、アーティスティックでありながら実用的な空間を演出します。南に面し明るく快適なベッドルームはその長所を生かし、好きな地中海沿岸の街をイメージしてデザイン。ほかにもダイニングは春、リビングは宇宙と場所によって異なるテーマを設けながら、全体に漂うエレガンスでまとまりのある美しい空間に仕上げています。

Profile

森 澄子
Sumiko Mori

美大卒業後、インテリアファブリックメーカー企画室勤務。その後家具ショップでのインテリアのトータルプランニング及び販売経験を経て、株式会社インテリアネットワークスを設立。数多くのファブリックスタイルを手がける。

株式会社インテリアネットワークス
愛知県名古屋市港区小賀須3-412
Tel. 052-303-0609　www.i-n-w.jp/

Room Scheme

ルームスキーム

　左写真の寝室はトーンを抑えたオリーブグリーンとアイボリーの色をベースに、オレンジ、黒、ターコイズブルーを効果的に配しています。中写真はライムグリーンとローズパープルの補色同士が互いを引き立てます。右写真はメインのパープルを生かすシックな色使いです。いずれの事例でもベルベット、サテン、リネン、シアーといった異なる質感を組み合わせ、空間に奥行きを与えています。

ベースカラー：オリーブグリーン、アイボリー
メインカラー：オレンジ
アクセントカラー：ブラック、ターコイズブルー

ベースカラー：ライムグリーン
メインカラー：ローズパープル
アクセントカラー：コバルトブルー、フクシアピンク

ベースカラー：アイボリーホワイト
メインカラー：パープル
アクセントカラー：ゴールドベージュ

Problem & Solution 課題&ソリューション

1 切り替えヘッドボードでコンパクトに見せる

▶ 問題点・課題
ベッドルームではシングルベッドを2台並べて使用しており、圧迫感が出ないような工夫が必要でした。ベッドの両サイドにあるスリット窓のウインドウトリートメントとどのようにコーディネートさせるかも課題でした。

▶ 窓タイプ
スリット窓

▶ ソリューション
オリジナルのヘッドボードをデザイン。中央にグレー、両サイドにベージュの生地を配置し、ベッドの幅を感じさせないように見せています。グレーの生地にはくるみボタンを留めて表情をプラス。サイドのカーブラインはカーテンバランスのカーブとマッチさせ、リズムを出しています。

2 天井高を生かし窓辺を表情豊かにするあしらい

▶ 問題点・課題
大きな窓開口はウインドウトリートメントが単調になりがちです。また、以前はバランスを一番手前に付けサッシの小壁を覆う長さにしており、天井や窓の高さを生かしきれていませんでした。

▶ 窓タイプ
掃き出し窓

▶ ソリューション
さまざまな工夫を施し、大きな間口を表情豊かに演出しました。シアーカーテンはあえて左右で異なる柄を合わせてリズミカルに。バランスの手前にシアーを掛けて縦のラインを出し、天井の高さを強調。バランスはオレンジとアイボリーの生地を継ぎ、切り替え位置には部分的にトリムをあしらってフォーカルポイントに。ドレパリーはサイドカーテンとして装飾的に使用する代わりに、夜間は奥に取り付けた遮光のロールスクリーンを下げて対応します。

3 場所に応じて共通のデザインをアレンジする

共通のデザインを場所や条件に応じてアレンジすると、インテリアの洗練度が増します。本事例では特に窓まわりのあしらいにそれを見ることができます。
左写真のベッド背面、両サイドのスリット窓は、シアーカーテンにボトムをラウンドカットしたフラットバランスを取り付け。クラッシュ加工が施されたオレンジ色のサテン生地でスワッグ＆カスケードを加え、エレガントな印象にまとめました。カスケードはアールを付けて柔らかなラインを出しています。
一方、右の通路の小窓は動線を邪魔しないようプレーンシェードに。「扉」をイメージしてフレームで囲み、裾にはトリムを持ち手のようにあしらいました。生地の切り替え部分にグレーのラインを入れ、立体感をプラス。シアーは風通しを重視してフラットに仕立てています。

4 イメージをふくらませてアートな窓辺を演出

目を引く窓辺のあしらい。各パーツに明確な意図が込められ、ひとつの作品として存在感を示しています。春のファンタジーをテーマとした左写真。深い色みのベルベットや艶やかなサテン生地のタックを取って円形のオブジェにし、咲き誇る花々をつくりました。背景に配したゴールドのリングは花の輝きです。花の中央にはフリンジをあしらって。スワッグやカスケードはオーガンジーで、柔らかい日差しを表現しています。
右写真のテーマは宇宙。上部両サイドの青い円は惑星、背景の青いダマスク生地は宇宙空間、中央の円形は太陽、ゴールドのリングは月をイメージ。シアーのスワッグとカスケードは光の帯。大きな弧を描くドレープのオープンスワッグが太陽に交差し、空間をドラマチックに演出しています。

顧客への提案
Styling for Clients

バランスが取れた美しい空間を重視するデザイナー。顧客に対しても要望や条件を考慮しながら、その空間に最適なバランスをさまざまなデザインで表現します。

Point ①
色と柄を巧みに配分し
明るく華やかな空間を演出

　天井高を生かしたスケール感のあるコーディネートです。依頼者は2、30代の若い夫婦。ベルベットや柄を使いたい、南面の大きな窓で日差しを遮りたいが暗くなるのは避けたいという要望がありました。そこで2色のレースを部分的に重ねてメイン使いに。窓枠内にロールスクリーンを吊し、昼間の調光と夜の遮蔽を図ります。装飾として配したドレパリーにも工夫を施すことで、気持ちが浮き立つような明るい空間に仕上がりました。

1 カーテンを天井から取り付け、物件の長所であるスケール感と高さを強調。クラッシュベルベットと花柄リネンのドレパリーは装飾として左右に固定。一巾使いのため、ストライプ生地をサイドに継ぎ足しボリューム感をプラス。生地のジョイント部分にトリミングを施し、装飾性を高めた。　**2** ライムグリーンのシアーカーテンは左右に自由に移動可能。設置場所によって見た目の変化を楽しめる。　**3** ドレパリーに使用した生地の花柄を切り取ってクッションカバーに。ストライプ生地で小さくタックトリミング。　**4** 夫婦専用のクッションをストライプ柄の色違いで仕立てた。小さく縫い付けたトリムがアクセント。　**5** ダイニングキッチンのカーテンは、側面が見えるためリターン仕様にした。リターン部分にストライプ柄の生地を用い、リビングとのつながりを持たせている。

1 最初に目に入る奥の壁2面はパープルの壁紙で奥行きをプラス。残り2面はアイボリー×ゴールドのダマスク柄。ベッド横の窓は動線上に家具などを置かないため、床までの丈のカーテンで縦ラインを強調。開閉は等分にせず右側にボリュームを持たせた。ベッド背面の窓には調光・遮蔽のため木製ブラインドを設置。 **2** まわりから色を拾ったクッションやボルスターでアクセントづけ。 **3** バランスは、フラットな部分と細く緩やかなスワッグ部分を組み合わせたアシンメトリーなデザイン。裾は濃いパープルの切り替えでラインを強調し、ブラックのフリンジで彩った。

Point ❷
非対称プロポーションでつくるモードでエレガントな寝室

50代夫婦の寝室のリファーニシング。提案したのはパリのサンジェルマン・デ・プレの住まいをイメージした、モード感のあるパープルを用いたエレガントなインテリアです。変形の部屋、異なる2つの窓の巾、大型ベッドなどの条件から家具の位置は変えず、天井、壁、窓まわりやリネン類をリデザイン。ウインドウトリートメントのアシンメトリーなデザインがこの部屋のシックな雰囲気に調和し、さらに新鮮みを与えています。

ご夫婦愛用のリビングのウイングバックチェアの張り替えも担当。写真左は奥さま用、右はご主人用。奥さまのチェアには前面にデザイナーズギルドの大きなダマスク柄のカットベルベットを張り、裏と側面は柄を引き立てる黒のヌバックを張ったところ大変好評で、今回の寝室のリファーニシングにつながったという。

シンプルなグレー無地のバランスに、アクセサリーを重ねて表情をつける。ここでは波柄のシアーを重ねて柔らかな波動を表現。光の調節は遮光生地のプレーンシェードで。シアーカーテンのレールを隠してくれる上に、差し色としてアクセントにもなる。

上写真中央の窓のバランスに取り付けられた波柄のシアーを外し、別のアクセサリーを施した例。爬虫類の体表をイメージしたメタリックな黒い生地で長方形の飾りを取り付けた。ゴールドのリボンが程よいアクセントになっている。ドレパリーやバランスは同じものでも、アクセサリーを付け替えるだけで雰囲気が異なって見える。

Beautify it Yourself

"美IY"でウインドウ七変化

大西ゆかり ｜ *Yukari Onishi*

最近のインテリアのトレンドのひとつ、DIY＝Do It Yourself。
一方、ここでデザイナーが実践するのはそこから一歩進んだ"美IY"。
上質な素材を用い、プロならではのアイデアや技術を駆使した
大人の美しい空間づくりです。

Designer's House Case 06

1 左ページ下写真のアクセサリー部分ディテール。リボンでアクセントづけした黒い生地をバランスに巻き付け、裏の合わせ目を安全ピンで留めている。 **2** プレーンシェードのパープルに合わせて、タイバックに同色のビーズオーナメントを飾った。 **3** 掃き出し窓のシアーの背面に、シェードと同じ生地をスクリーン状に設置。生地の上下を突っ張り棒に通したもので、簡単に取り外しできる。シアーを通して雨戸が見えるのを防ぐ上に、突っ張り棒の位置で布の分量を調整でき、昼間の調光にも意外な力を発揮する。

Item List
ドレパリー、バランス：サンゲツ
シアー：フジエテキスタイル
プレーンシェード：サンゲツ
カーテンレール：トーソー
バランスアクセントファブリック：
〈柄シアー〉リリカラ　〈黒〉サンゲツ
オーナメント、チェアレール端材：みはし
クッション：サンゲツ
エリアラグ：ニーディック

シンプルモダンな空間にアクセサリーでアクセント

4 室内造作に使う建築部材の端材を活用。シェードの紫色を背景にあしらわれた花も、フォーマルな雰囲気を盛り上げる。バランスにもオーナメントをプラス。 **5** オーナメント裏面に強力マグネットを貼り、引き合うマグネットでバランスを挟んで取り付けた。位置調整も簡単にできる。

掃き出し窓から見える庭の一画には、屋根瓦のユニークなアレンジメントを施した。瓦は祖父の家の解体時に譲り受けたもの。デザイナーの出身地であり、瓦の名産地である愛媛県の誇りを持って飾っているという。

How to make the coordinates

コーディネート解説

Designer's Concept　コンセプト

美しい手づくりインテリアの伝道者。
アイデアとセンスで個性を演出

築26年の一戸建てに住むデザイナー。当時流行した台形出窓、中央に居座るエアコンなど窓装飾に制約がありました。そこで内装リフォーム時は経費も考慮してシンプルに留め、得意の"美IY"テクニックを駆使。手づくりの着脱可能なアクセサリーを活用して変幻自在な美しい窓辺をつくり上げました。成功した手法は顧客にも積極的に提案し、ものづくりの楽しさを通してインテリアの魅力を伝えています。

Profile
大西ゆかり
Yukari Onishi

1994年町田ひろ子インテリアコーディネーターアカデミー卒。建築会社にて一戸建て増改築・新築業務等に携わる。98年フリーランスに。ハウスメーカー等と契約し、プランニングや空間デザイン等幅広くかかわる。2005年静岡県インテリアコーディネーター協会会長、09年に相談役就任。

あとりえ自遊時感
静岡県焼津市大島735-45　Tel. 054-623-2802

Room Scheme
ルームスキーム

彩度を抑えた色使いで、洗練された落ち着きのある空間に。ソファ背後のアクセント壁紙はベースカラーと同じベージュ系の柄のため、主張し過ぎずなじんでいます。クッションはカーテンやバランスアクセサリーと同じ生地などを使ったハンドメイドです。

Base Color　**Main Color**　**Accent Color**

ベースカラー：ベージュ
メインカラー：グレー
アクセントカラー：パープル

Problem & Solution　課題&ソリューション

1　着脱可能なアクセサリーで気軽に模様替え

カーテンを彩るアクセサリーを、ファブリックやトリム、バンディング材、ビーズなどのパーツで手づくり。マグネットなどで簡単に取り外しできるようにすれば、気分に応じて気軽に付け替えられます。左はバランスレールの上部の空き（下図）を利用して、リボン状のトリムやバンディング材を好きな位置に掛けて留めています。長さの調節も自在。

2　お金を掛けないDIYでも美しく！

トリミングがあしらわれた端切れをローマンシェード風にたたみ、壁にタッカーで固定。同じ生地を横向きに配してバランスを作成し飾りました。バランスの基材は発泡スチロール（右写真）。生地をタッカーとグルーガンで取り付けています。軽いため、壁に押した石膏ボード用の細いピン数本で支えられます。費用がほとんどかからない手軽なDIYでも、見た目に気を配ると完成度が上がります。

顧客への提案
Styling for Clients

"美IY"の精神は顧客事例でも健在。シンプルでモダンなスタイルをベースにどこかに必ず一工夫が施され、オリジナリティーのある空間に仕上がっています。

Point ❶
カラーで優しさを添えたジャパニーズクールモダン

クールモダンの透明感を、優しく温かみのあるグレイッシュトーンで表現したモデルハウスの事例。和室は雪のクールな心地よさをテーマに、色や間接照明でほのかに光る雪あかりをイメージしました。床の間・書斎コーナーは、可動間仕切りでフレキシブルに変化する遊び心のあるスペース。洗練されつつもくつろげる空間です。

1 間接照明に照らされた床の間・書斎コーナーは特別感のある空間。 2・3 スペースの手前にレールを設置。茶室などに用いられる縁のない太鼓襖様の建具を自由に移動させ、書院窓風の開口部からの景色の変化を楽しむことができる。

Point ❷
奥行きと楽しさを与えるブラインドデコレーション

子ども部屋の提案。予算が限られる中、ブラインドに工夫を施しました。ウォールステッカーで東京湾の風景を表現し、グラデーションスラットで部屋に奥行きをプラス。南向きの窓はブラインドで日差しと眺望をコントロールしながら、デコレーションで窓の外の電線の存在感を和らげています。

1 遠近感が感じられるようブラインドの上・中部にステッカーを貼り、下部はスラットの色にグラデーションをつけて1枚の絵のように奥行きを持たせた。 2 西側の小窓や壁にも同じウォールステッカーを貼り、部屋全体にイメージを広げ楽しい子ども部屋にした。

Contemporary Classic and Beyond

コンテンポラリーとクラシックの共演

REIKO

クラシカルテイストの中に、ひとつインダストリアルデザインを入れてみる。
モダンなシルエットの中に、アンティーク小物を並べてみる……。
ひとつのテイストや年代に縛られることなく、自由な発想で"好きなもの"を
身のまわりに置いていくエクレクティック・スタイルで、自分らしいインテリアを実現。

Designer's House Case **07**

同じカラー、同じ空間内でも
ディテールとあしらいで印象が変わる

リビングルーム。カーテンバランスの柔らかな曲線、猫脚のセンターテーブル、随所に配したボタニカル柄など全体的に女性らしいデザインを、グレイッシュな色使いでシックにまとめている。

リビングと一間続きのダイニング。同じ色使いでも、壁のストライプ柄やバランスのデザイン、インダストリアルな照明でややユニセックスに仕上げた。

Item List

ⓐ バランス、ドレパリー：
クリスチャン・フィッシュバッハ
シアー：フジエテキスタイル
シアー裾トリム：SHINDO
クッション：マナトレーディング
シャンデリアシェード：
クリスチャン・フィッシュバッハ
スタンドライト：ヤコブ・シュレイファー
（D'Arc Deco オリジナル）

ⓑ バランス、ドレパリー：
クリスチャン・フィッシュバッハ
シアー：フジエテキスタイル
シアー裾トリム：SHINDO

ⓒ バランス、ドレパリー：フジエテキスタイル

1 リビングルームのバランスは、「穏やかな時間が流れるように」と部屋全体を見守るミューズの柄を中央に配した。繊細な柄と曲線がマッチしている。 **2** ベッドルームは本来の白壁を生かして全体をホワイトとグレーでまとめ、アクセントカラーにラベンダーとパープルを採用。シンプルながらエレガントな空間に仕上がった。

How to make the coordinates

コーディネート解説

Designer's Concept コンセプト

ベースはコンテンポラリー。ファブリックやディテールで異なるテイストをプラス

Profile
REIKO

海外でのアパレル・インテリア雑貨のバイヤー経験を生かし、2009年よりファブリックマジック勤務。12年にダルクデコ株式会社を立ち上げ、個人邸、商業施設などのトータルデザインを行う。企業セミナー講師としても活躍中。

D'Arc Deco（ダルクデコ）
東京都渋谷区神宮前5-18-5
Tel.03-6427-5030　www.darcdeco.com/

　異なる時代やテイストの要素をひとつの空間に混在させるエクレクティック・スタイルは、近年特に若い世代で人気です。ただ、大人の洗練された空間をつくるには、ミックスの仕方にも程よいさじ加減が必要。賃貸マンションに暮らすデザイナーは、白い壁や天井といった制約を逆手に取り、コンテンポラリーをベースとした「やり過ぎない」落ち着きのあるエクレクティック・スタイルを実現しています。

Room Scheme ルームスキーム

左・中写真のデザイナー自宅は、ライトグレーや白がベースカラー。グレイッシュな色をメインに、ビビッドな色をアクセントに用い、モダンな空間に仕上げています。右写真の顧客事例では、壁のエルクベージュ色に合わせてメイン、アクセントともに彩度抑えめのパステルカラーで、優しい印象を演出。

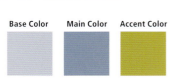

ベースカラー：ライトグレー
メインカラー：セイロンブルー
アクセントカラー：オリーブイエロー

ベースカラー：ホワイト
メインカラー：グレー
アクセントカラー：マゼンタ

ベースカラー：エルクベージュ
メインカラー：コーラルピンク
アクセントカラー：ヴァージニアグリーン

Problem & Solution 課題&ソリューション

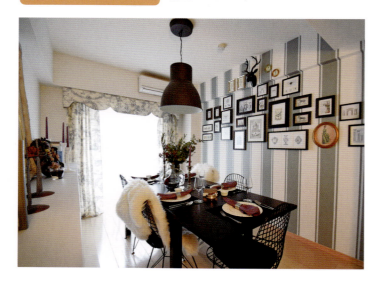

1 原状回復可能なデコレーションで個性を演出

▶問題点・課題
退去時の原状回復が求められる賃貸マンション。賃貸特有の真っ白な壁や床など無難で個性のない部屋で、どのように自分らしいインテリアを実現させるかが課題。梁の多さや天高の低さも気になるポイントです。

▶窓タイプ
掃き出し窓

▶ソリューション
マスキングテープとフォトフレームで彩ったウォールデコレーションで目線を上に誘導し、天井を高く見せています。家具、デコレーションをモノトーンであつらえ、食器、テーブルリネン、キャンドルなどの小物にアクセントカラーを散りばめることで、無機質な内装にリズムと個性を与えました。

2 バランスのデザインを変えてスペースを区分け

▶ 問題点・課題
リビング・ダイニングは梁が下がり窓高が取れない上に、梁の奥行きもそれぞれ異なります。間取りは分かれているものの、空間としてはワンルームでつながっており、統一感が必要でした。

▶ 窓タイプ
掃き出し窓

▶ ソリューション
リビングとダイニングで同種のファブリックを用いてドレパリーに。柄取りやバランスのシルエットを変えることで、統一感を図りながらもインテリアに変化をつけています。フラットパネルのバランスで窓上部をすっきりとさせ、圧迫感を軽減しています。

3 窓まわりと一体化したキャノピーで圧迫感を軽減

▶ 問題点・課題
顧客事例。主寝室はベッドヘッド側に上げ下げの連窓、Lの位置関係に大きな掃き出し窓があり、窓同士の位置も近いためあしらいに注意が必要でした。顧客の要望は、壁紙とファブリックを共柄にしたい、ベッドにキャノピーを取り付けたいというもの。

▶ 窓タイプ
上げ下げ窓、掃き出し窓

▶ ソリューション
ベッドキャノピーと連窓のドレパリーを一体化し、壁紙とファブリックを共柄にすることで懸念される圧迫感を軽減しました。ベッド幅と窓巾の違いは、キャノピーを手前から窓に向かって台形状に広げながらつなぐことで解決。掃き出し窓にもキャノピーと同スタイルのアーチバランスをあしらい、統一感を出しています。

4 異なる柄の壁を調和させる無地の色壁

3の寝室と仕切りのない廊下を介して隣り合う部屋。寝室では田園風景のトワルドジュイ、こちらの部屋は植物柄と、異なる柄の壁紙を貼っています。それでも色を揃え、間に同色の無地壁紙を挟むことで、2部屋を緩やかにつなぐことに成功しています。

5 爽やかな海の空気を窓まわりと壁で表現

顧客事例。白地の壁紙はコバルトブルーでヨットや灯台、気球が描かれています。そんな海の雰囲気を小窓でも表現。コットンストライプの生地を縦横使いし、ヨットの帆や波をイメージした窓に。間接照明も灯台の光のように設置しました。

顧客への提案
Styling for Clients

エクレクティックなデザイナー自宅に対し、この事例は正統クラシック様式。しかし色使いや柄合わせなど随所にデザイナーの一味異なるセンスが見て取れます。

既存のエルクベージュ色の壁に合わせて、ドレパリーやソファの張地も同系色に。梁下から窓上までの高さがないため、小さめのカメオをスワッグホルダーとして選択。カメオから垂れるスワッグが美しいトライアングルシルエットになるよう全体の巾を最小に抑え、縦長のプロポーションを実現した。

階上まで吹き抜けになっている階段室の窓のあしらい。デザインはリビングルームと同様だが、吹き抜けの高さに対し貧弱にならないよう、カメオは大きめのサイズにしている。トップバランスも高さを出してシルエットを強調した。

ソファの柄の1色から引き出したトーン違いのクッション。木の実をイメージしたトリムはコーラルピンクで統一。

ロマンチックになり過ぎないよう、ラフにデザインしたスワッグ＆テールが食卓を優しく包み込む。ファブリックボードは、綿を入れふっくらと仕上げることで、布の風合いを生かし、ブラケット照明のあかりも優しく広がるようデザイン。素敵な食器やカトラリーを数多く所有する奥さまに贈る、特別な空間。
テーブルコーディネート：笠井里香（Royal Garden）

1 メインで使用した植物柄から想を得て有機的なラインを窓まわりで表現。壁紙とドレパリーが共柄のため、ドレパリーの打ち合わせ部分に濃い色を用いメリハリをつけた。　**2** エントランス。シアー on シアーのオープンスワッグが日の光を優しく透過する。

キャノピーが主役の主寝室。壁紙と共柄のドレパリー以外の生地は派手さを抑え、落ち着いた印象に仕上げた。

Point
色のトーンを揃えた優しく上品な空間

ヨーロピアンスタイルの邸宅のスタイリング事例。リビングルームのエルクベージュ色の壁は既存のまま、ほかの場所のトーンを合わせてどこまでも優しくエレガントなインテリアに仕上げました。重厚なアンティーク家具が空間の引き締め役に。部屋ごとに異なるあしらいのウインドウトリートメントが、見る者の目を楽しませてくれます。

Designer's House　Case07

Show it with Flowers

花と暮らすインテリア

室賀裕子 | *Yuko Muroga*

咲き誇る花々、芳しい香り。
デザイナーが表現するのは花園のようなエレガントな空間。
色柄や生地の質感、アクセサリーを駆使して
花のように優しく気品のあるインテリアができあがります。

Designer's House Case **08**

何種類ものバラの花で彩られた外観。このイメージをインテリアにも生かしている。

たくさんの花が出迎えるウエルカムスペース。床はテラコッタタイルでスペースを区切った。

打ち合わせ場所でもあるダイニングスペースは、グレーの壁紙がモダン。デザイナーズギルドの柄カーテンが空間にインパクトを与えている。

Item List

【ウエルカムスペース】
ドレパリー：〈柄〉ウィリアム・モリス
〈裏地〉マナトレーディング
壁紙：ウィリアム・モリス
椅子張地：サコ
クッション：クラーク＆クラーク
ランプシェード：ブレンドワース
【ダイニング】
シアー：デザイナーズギルド
カーテンレール：トーソー
シェード：フジエテキスタイル
アクセント壁紙：オズボーン＆リトル

How to make the coordinates

コーディネート解説

Designer's Concept　コンセプト

花々が描くライン、色や柄を取り入れて
フェミニンで優しい空間に

Profile

室賀裕子
Yuko Muroga

この家では空間のあちらこちらに美しい花々が飾られ、人々を迎えてくれます。そんな花々と共鳴し、優しい空間をつくり上げているのが窓まわりをはじめとしたインテリア。無彩色をベースに草花の優しい色を取り入れたりシアーを活用したりすることでエレガントな世界観を構築しています。そんなデザイナーの家はトレンドのファブリックやスタイルを試す場所でもあり、プレゼンテーションの場としても機能しています。

町田ひろ子インテリアコーディネーターアカデミー卒業。同校インストラクター科終了。同校ほか各所で講師を務める。実務は一般住宅のトータルデザイン・施工のほか、店舗プロデュース、モデルハウス企画等広範囲に及ぶ。

有限会社ガロムユウ
栃木県鹿沼市幸町1-6-29　Tel. 0289-63-1024
http://garomyou.main.jp/

Room Scheme
ルームスキーム

いずれの事例もベースカラーにホワイト、メインカラーにグレーを用いています。異なるのはアクセントカラー。ピンク、パープル、ボルドーを効果的に配し、柔らかくフェミニンな中にもそれぞれ個性を演出しています。

Base Color	Main Color	Accent Color

ベースカラー：ホワイト
メインカラー：グレー
アクセントカラー：ピンク

Base Color	Main Color	Accent Color

ベースカラー：ナチュラルホワイト
メインカラー：グレー
アクセントカラー：パープル

ベースカラー：ナチュラルホワイト
メインカラー：グレー
アクセントカラー：ボルドー

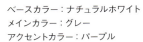

Problem & Solution　課題&ソリューション

1

ギャザーやドレープ、
トリミングで
カーテンをより華やかに

アーチ窓にはリバーシブルのギャザーカーテン。生地の端にはフリンジをあしらい、窓の半ばで折り返して裏地を見せることで、さらに華やかな雰囲気を演出しました。シアーのカフェカーテンが程よい目隠しの役割を果たします。

2

注目の生地や小物を
ディスプレーしながら
顧客にもアピール

さまざまな柄の生地を重ねても、白ベースにグレー、ピンクと色を合わせてまとまりを持たせています。注目している生地や小物も飾るこの場所では、折に触れセミナーやイベントも行い、顧客からの依頼につなげています。

Designer's House　Case08 | 059

顧客への提案
Styling for Clients

花を愛し、花を得意とするデザイナー。顧客の依頼にも必ず花に関連した
テーマを用い、エレガントかつスタイリッシュな空間をつくり上げています。

1 応接室の窓高の低い5連窓には天井近くからカーテンを吊し、空間を広く見せている。ストレートバランスにスワッグを重ねてクオリティーの高さを表現。ダマスク模様のシアーカーテンがドレスのような高級感を生む。間のリボンは貴婦人たちが手をつないでいるイメージ。　2 エステルームのカーテンは、アムステルダムの街並みをプリントした印象的なシアー。後幕のドレパリーをパープルにして映り込みを柔らかくした。　3 間仕切り壁にはデザイナーズギルドの壁紙を貼り高級感を演出。

Point ❶
貴婦人がくつろぐ
優雅なサロンスペース

エステサロンの事例。「貴婦人を迎えるスペース」をコンセプトに、エレガントでリラックスできる空間をつくりました。シアーファブリックやグレイッシュなカラー、ダマスク柄、リボンなどの要素で全体をスタイリング。バランスやリボンはシャンタン生地。程よい光沢やシャリ感が、シアー生地の魅力をより引き立ててくれます。

北側のエントランスは暗くなりがちなので、スタンド照明を配して雰囲気を盛り上げた。ダマスク柄の壁紙が非日常空間へ誘う。

1 花の額絵と同調するシェードの曲線が、硬質なパウダールームの印象を和らげる。 2 ドレッシングルームは縦ストライプ柄のシアーをバルーンシェードに仕立ててフェミニンに。生地の曲線と円形ミラー、バラ柄の壁紙が柔らかみを、タイルの長方形がスマートさを演出する。

3 ベッドまわりは、デザイナーズギルドのストライプ柄ファブリックでスタイリッシュにまとめた。クッションのブルーとピンクで夫婦それぞれの場所をつくり、パイピングクッションは額絵のボルドー色とコーディネート。ボンボントリム付ボルスターで大人のかわいらしさをプラス。 4 ナチュラルホワイトをベースに、エレガントトーンのボルドーやターコイズブルー、グレーを加えてシンプルスタイリッシュにまとめたリビングダイニング。

Point ❷
ラインと色使いでつくる都会的でエレガントな空間

モデルハウスの事例。コンセプトは「シンプル、スマート、スタイリッシュ・エレガンス」。ラインを意識したデザインです。直線と曲線の組み合わせでスタイリッシュに、引き算のデザインでシンプル&スマートに演出。女性の心をつかむしつらえとカラースキームで、実用的ながらどこかフェミニンな空気をまとう空間に仕上がっています。

倉庫として使用されていた部屋をファミリールームに改装。アイボリーをベースに、抑えたパステルトーンで統一した空間は、何種類もの柄生地を使ってもうるさくならずまとまっている。

Item List

ウインドウファブリック、クッション：クラーク＆クラーク
カーテンレール：トーソー
ソファ張地：スミノエ
アイアン壁面オブジェ：上野玄起

Play with Colors and Patterns

パターンが映える楽しい窓辺

中島淳子 | *Atsuko Nakajima*

基本はアイボリーを基調としたナチュラルテイスト。でもシンプルなだけでは終わらないのがこの部屋の特徴です。ポイントは多様な柄使い。同じトーンの優しい色みを配し、個性的で心地よい空間をつくり上げています。

Designer's House Case 09

1 カーテントップはシンプルなゴブレット仕上げ。生地の切り替えがアクセントになっている。 **2** ダブルシェード&カーテン。薄手のファブリックを何枚も重ねて、生地同士の重なりや透過する日の光を楽しむ。 **3** 8種類のファブリックを組み合わせて仕上げた窓辺。中央シェードの上部、左右シェードのサイドに同じストライプの生地を切り替えて配し、シェードを下ろした際に額縁のように見えるようデザインした。

さまざまな柄の組み合わせで奥行きを持たせた空間

4 高窓には前に置いた家具に干渉しないよう、家具の高さギリギリの丈のダブルのプレーンシェードを取り付けた。 **5** ウインドウトリートメントと同じ生地を使って仕立てたクッション。1つのクッションに2種類の柄を組み合わせ、デザインもそれぞれ異なるものに。

How to make the coordinates

コーディネート解説

Designer's Concept コンセプト

ファブリックの組み合わせを楽しむ居心地のよいファミリールーム

Profile
中島淳子
Atsuko Nakajima

ファミリールームは別の用途で使用していた部屋を改装したものです。無地、ストライプ、プリント、シアーなどの生地をさまざまなパターンで組み合わせ、ファブリックの面白さを表現。ダックエッグブルーやベージュ系の優しいカラーを組み合わせ、アクセントカラーとしてマゼンタを小物や柄の1色で散らしています。ファブリック類はリネンやコットンの自然素材を使用し、居心地のよい空間に仕上げています。

インテリアショップに勤務中、主に湘南エリアの住宅インテリアコーディネート等に従事し、デザイン経験を重ねる。1996年AVENUE入社。2006年から7年間、大手輸入住宅メーカーのインテリアコーディネートを担当。
AVENUE（アベニュー）
山梨県甲府市富竹3-3-7　Tel. 055-228-0140
www.3ave.com/

Room Scheme ルームスキーム

左のデザイナー自宅は自然素材との組み合わせを意識したカラースキーム。ベースはアイボリー、メインもソフトなダックエッグブルーでナチュラルに。中央写真の顧客事例の基本は「柄×柄」。そのため色数を絞り、モノトーンの中に少量の赤をアクセントとして効かせています。一方、右の顧客事例はゴールドの濃淡使いに、ワインレッドをアクセントとした高級感のある仕上がりです。

ベースカラー：アイボリー
メインカラー：ダックエッグブルー
アクセントカラー：マゼンタ

ベースカラー：グレー
メインカラー：ブラック
アクセントカラー：レッド

ベースカラー：ゴールド
メインカラー：ライトゴールド
アクセントカラー：ワインレッド

Problem & Solution 課題&ソリューション

1 窓の欠点を隠すシェード&カーテン使い

▶ **問題点・課題**
サッシ上端が低い位置にあり、さらに横長の形状が強調されています。この存在感のあるサッシへの対応が大きな課題。カーテンを天井から掛けるだけでは、窓上の壁面が広いためバランスがよくありません。冬場は窓下から入る外部の冷気も気になる点でした。

▶ **窓タイプ**
掃き出し窓

▶ **ソリューション**
シェードとカーテンを天井付近から設置。普段はシェードを窓枠下まで下げて枠を隠し、壁面も窓であるように錯覚させています。カーテンも縦長の印象になり、天井を高く見せています。シェードは日中も途中まで下げて使用するため、明るい色を選択して圧迫感を軽減。カーテンは床丈よりも長くして冷気の侵入を抑えています。

2 柄 on 柄の洗練コーディネート

▶ 問題点・課題
顧客事例。顧客は柄もののウインドウトリートメントを希望していましたが、先にソファの張地に柄ものを使用することが決まったため、生地選びが難航。窓にはどんな柄を選び、どのようなデザインを施せば柄同士が同じ空間になじむかが大きな課題でした。

▶ 窓タイプ
掃き出し窓、横長の高窓

▶ ソリューション
ソファ張地の柄の色みに合わせてウインドウトリートメントの生地を決定。その後、ソファの座面・背面やクッションのデザイン、色の配分を決めました。ウインドウトリートメントだけでなく全体に切り替えや色の濃淡を駆使することで、統一感を持たせることに成功するとともに、ファブリックの楽しさを演出しています。

3 さまざまな課題をクリアするダブルシェード

▶ 問題点・課題
顧客事例。横長の高窓で、ウインドウトリートメントを窓より長い丈にすると家具に干渉します。さらにカーテンにすると、寄せた際に部屋の中央に大きな束ができてしまいます。窓の網入りガラスと落下防止のパイプは装飾の邪魔に。採用したファブリックのベースが白で、そのまま壁に合わせると印象がぼやけてしまいます。

▶ 窓タイプ
横長の高窓

▶ ソリューション
ダブルシェードを選び、ソファの背にシェードが干渉しない丈で製作。透明度の低いシアーで、網やパイプの存在感を軽減させました。幕体には幅広の縁取りを施し、さらにバランスを取り付けて、壁やソファの柄に干渉しないよう工夫しています。

4 バランス＋トリムでオリジナリティーを演出

カーテンやシェードなどの本体にさまざまなデザインのバランスを加えて装飾性を高めています。また、フリンジやブレードなどの装飾トリムを取り付けて、世界にひとつしかないオーダーならではの魅力を付加しています。トリムはファブリックと同じメーカーでシリーズ展開されているものを合わせることもありますが、まったく別のものを合わせるのもデザイナーの腕の見せどころです。その際はテイストや色などをよく吟味して組み合わせることが求められます。

顧客への提案
Styling for Clients

顧客の好みはモダン、カジュアル、クラシックと千差万別。その中で、どの事例も色と柄を巧みに組み合わせて統一感のある空間を完成させています。

柄が印象的なファブリックをプレーンシェードに。バランスと縁取りの黒で柄が引き立って見える。

1 高窓と掃き出し窓に使用した生地はスペインのガストンダニエラ。窓の種類に応じてプレーンシェードとカーテン使いにし、異なる印象に仕上げている。メインカラーがブラックでも分量と柄使いで重々しく見えない。 **2** 先に決まっていたソファの柄生地に合わせてウインドウトリートメントの生地を採用した。ベースカラーを決めて同系色で揃えることや、クッションなどの小物に色や柄を散らすことが柄同士をまとめるコツ。

Point ❶
柄生地をアートのように自由にあしらう

顧客のセカンドハウスの事例。自宅がクラシカルなインテリアのため、こちらのマンションは柄を大胆に使いたいという要望でした。先に採用されたソファの柄を生かしつつ、ウインドウトリートメントにも柄ものを使用。異なる柄でも同系色で揃え、無地を合わせて引き締めることで、ワンランク上の洗練された空間に仕上がっています。

3 左ページのリビングと同じセカンドハウスの個室。ホワイト×イエローグリーンの色使いで、かわいらしい柄も落ち着いた印象に。　4 ローマンシェードのサイドに光沢のある生地をあしらった。質感の違う生地を組み合わせるのも空間を平坦に見せないテクニックのひとつ。　5 同じくセカンドハウスの別の個室。3・4の部屋と同じグリーンを使いながら、こちらはレッドやピンクをアクセントカラーにしてより華やかに仕上げた。4つの柄を使用してもうるさく見えない。　6・7 掃き出し窓のドレパリーには腰高窓のストライプ地とコーディネートする花柄を採用。柄を組み合わせたクッションを配して全体にまとまりを持たせた。

1 エントランスの窓の下部は蓄熱暖房、両サイドは壁。スペースが限られる中、バルーンシェードに重ねたバランスに、フリンジと揃いのタッセルタイバック、カーテンホルダーをアレンジして華やかさを演出した。　2 リビングのカーテンは落ち着いたゴールドカラー。スワッグ&テールで英国クラシカルの雰囲気を盛り上げる。

Point ❷
憧れのスタイルを形にした英国マナーハウスの世界

洋書から顧客が希望したスタイルの窓辺を形にした例。最初に来客の目に入るエントランスの窓は、ワインカラーや大胆な柄で印象的に仕上げました。一方、リビングは抑えたトーンで柄も控えめにし、スワッグをたっぷり取って豪華かつ気品ある仕上がりに。あしらう場所やほかの要素を考慮しながら顧客の希望を実現させています。

a Roomful of Nature

緑を感じるインテリア

日吉 啓 | *Kei Hiyoshi*

インテリアは部屋の中だけで完結するとは限りません。
伊豆という自然豊かな地域ならではの特性を生かした、外とのつながりが
感じられるインテリアが、そこに暮らす人々の心身を癒してくれます。
その中でファブリックが果たす役割も見逃せません。

Designer's House Case 10

ファブリックと内装の力で
外の空気をインテリアに呼び込む

Item List

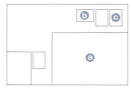

a バランス、サイドドレパリー、
　ベンチシートクッション：クラーク&クラーク
　シアー：川島織物セルコン
　ブラインド：トーソー
　クッション：クラーク&クラーク、オカザキ
　ベンチ背クッション：オカザキ
　エリアラグ：スミノエ
b 幕板インナー入りカバー：クラーク&クラーク
c プリーツスクリーン：トーソー
　バランス、座布団：クラーク&クラーク
　天井・戸襖クロス：サンゲツ

内装にパイン材を多用したリビングダイニング。既存の抹茶グリーンの木製ブラインドに明るい色のファブリックをあしらい、緑や花に溶け込む爽やかなインテリアにリファーニシングした。

1 アップルグリーン色のファブリックにイエロー、ベージュ、ライトグレーを加え、ブラインドの抹茶グリーンの重さを軽減。スラットの横ライン、ラダーテープの縦ラインを意識してファブリックのデザインに取り入れた。　**2** ブラインドと窓の間に鳥柄（ウィリアム・モリスの「いちご泥棒」）刺繍を施したシアーを掛け、ベランダの花々やその外に広がる公園とのつながりを演出。

3・4 幕板はインナー入りの生地で包んでボリュームを出し、ロートアイアンの鋲を飾ってラスティックに仕上げた。　**5** 応接室を兼ねる和室の壁は、わら入り漆喰仕上げ。襖のインディゴブルーに合わせて同色のプリーツスクリーン、縦ストライプのファブリックを横使いしたバランスをあしらい、カジュアルな和モダンスタイルを演出している。

How to make the coordinates

コーディネート解説

Designer's Concept コンセプト

地域の特性を反映させた自然に溶け込む空間づくり

Profile
日吉 啓
Kei Hiyoshi

内装会社で職人として従事。およそ10年の勤務後に独立し、リノベーション、インテリアを業務の中心とした事業に着手。現在は主に伊豆・湘南エリアにて住宅、別荘、商業施設等のインテリアコーディネート及び施工を行う。

株式会社サンクラフト
静岡県伊東市荻499-135　Tel. 0557-38-3604
www.kk-suncraft.jp/

　緑と海、自然に恵まれた伊豆の暮らし。長年リノベーションに携わった経験を持つデザイナーは、環境負荷の少ない自然由来の内装材の活用を得意としています。さらに自然の魅力をインテリアに付加してくれるのがファブリック。公園を見渡せる自宅のリビングはグリーンのカーテンや花柄のファブリックでリファーニシングし、花好きな奥さまとのくつろぎの空間に。自然環境もインテリアも楽しみたい顧客へアピールします。

Room Scheme

ルームスキーム

左写真のデザイナー自宅はライトブラウンにアップルグリーン、ローズピンクを用い、明るく楽しげな雰囲気を演出。中央の顧客事例はアイボリー・グレーブラウン・ダークブラウンの組み合わせで落ち着いた部屋。右写真の顧客事例もベースはアイボリーですが、サンド、カーマイン、アクアマリンの変化球トリコロールカラーで華やかに仕上がっています。

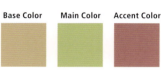
ベースカラー：ライトブラウン
メインカラー：アップルグリーン
アクセントカラー：ローズピンク

ベースカラー：アイボリー
メインカラー：グレーブラウン
アクセントカラー：ダークブラウン

ベースカラー：アイボリー
メインカラー：サンド
アクセントカラー：カーマイン、アクアマリン

Problem & Solution 課題＆ソリューション

1
窓装飾の美観を維持するさまざまな工夫

細部まで気を配ることで、窓装飾の完成度が上がります。バランスを施してブラインドのヘッドボックスを隠しています。椅子張りに使われる厚手のファブリックを使ったサイドドレパリーも、カーテンストッパーでつねに均一な巾に保っています。

2
機能と見た目に優れる自然素材を活用

珪藻土、木製パネル、エコカラットなど自然素材やそれに準ずる素材を内装などに積極的に取り入れています。見た目に優しいだけでなく、珪藻土は湿度調整と消臭機能に優れ、エコカラットにも同様の効果が見込めるなど、機能も優秀です。

顧客への提案
Styling for Clients

山に囲まれた一戸建てや、海を望む高台のマンション。それぞれのシチュエーションを踏まえ、自然素材をふんだんに取り入れたインテリアです。

1 照明のガラスグローブは、ソファ背面の壁面タイル（エコカラット）や造作家具表面のゴツゴツとした質感に合わせてラスティックなものを選んだ。
2 壁面のタイルに間接照明を当てて陰影を出し、床の間風のフォーカルポイントとしている。

Point ❶
木や石の質感を盛り込み
重厚家具とのバランスを取る

　60代夫婦2人暮らしの一軒家。小型犬を室内飼いしており風通しを頻繁に行いたい、父親から譲り受けた重厚感のあるソファを生かしながらコンテンポラリーなインテリアにしたいとの希望でした。そこでアイボリーや明るい茶をベースに軽快な印象をつくりつつ、ソファが浮かないように木肌や岩肌調の内装を採用。窓まわりはペットに配慮し、上下開閉のプレーンシェードを選びました。

3 アイボリーのローマンシェードには茶とグリーンのテープをあしらってストライプラインをアクセントに。シアーの裾を窓枠内に納めることでシェードが室内に出っ張らず、冷気の侵入や光漏れも軽減できる。　4 表情が単調にならないよう、造作家具やカーテンボックスは凹凸のあるなぐり調のウッドパネルを面材に使用。
5 ペットに配慮したクッション性のあるフロアはホコリや抜け毛が目立たないよう明るい茶色にした。タイルカーペットはパーツごとに外して手軽に洗濯できる。

1 部屋の主役ともいえるローマンシェード。カーテンボックスの奥行きが狭いため、ボックス内ではなく前面に正面付けしている。 2 壁の素材は、多湿になりがちな室内の湿度調整と消臭機能を併せ持つ珪藻土。一部にアクセントタイル(エコカラット)を貼り、デザイン的にも目を引くものに仕上げている。

3 和室とリビングルームを隔てる5枚の引戸に紙布で装飾を施した。ローマンシェードに合わせた色のストライプ柄が、部屋にリズムを与えてくれる。床は自然素材であるサイザル麻のカーペット。 4 シェードのリターン部分はオリジナルのモビールを取り付けてメカを隠した。 5 カラースキームの元となった、サントロペが描かれた石版画。

Point ❷
海の香りを運ぶ華やかなトリコロール

　70代の女性が暮らす海沿いのリゾートマンション。階下に広がるオーシャンビューを確保するとともに、東向きの窓からの朝日を遮るため、上下開閉のローマンシェードを採用しました。ボトムの処理には海を舞うトンビのシルエットを取り入れています。特徴的なのがカラースキーム。顧客が所有するフランスの港町サントロペが描かれた石版画からインスピレーションを得た、トーン抑えめのシックなトリコロールが部屋を彩ります。

第 2 章

顧客の心をつかむテクニック

インテリアのプロは、顧客の要望をいかに聞き取り、
提案をアピールし、納得してもらうかを模索しています。
数多くの経験を通して、独自のアイデアやワザを確立しているのです。
第 2 章ではそれを十分に発揮した事例を
STORY、FLAVOR といったキーワードごとにご紹介します。
キーワードに込められた各自のテクニックは
顧客を喜ばせ信頼させるポイントになり、
次へのビジネスにつながるはずです。

How to Appeal to Clients

How to Appeal to Clients | 01
STORY

スタイリングにストーリーを持たせる

デザイナーには顧客の言葉の背後にある思いを汲み取り
提案に反映させることが求められますが、
そこから一歩進んでスタイリングにストーリーを持たせるのは
満足度を高める有効なテクニックのひとつです。
顧客は仕上がりをイメージしやすくなるとともに
ストーリーをも楽しみ、ときめきながらできあがりを待ってくれます。

Sketch

プレゼン時のスケッチ。一般的なログハウスのイメージとは異なる華やかな雰囲気が伝わる。

Designer's Profile

渡邉明美 | *Akemi Watanabe*

航空会社にて客室乗務員として7年間勤務した後、各地で見たインテリアに興味を持ちカラーコーディネート、インテリアを学ぶ。MANOIRに入社し、主に別荘(ログホーム)住宅のコーディネートを手がける。

MANOIR(マノワ)
山梨県富士吉田市下吉田5-33-31
Tel.0555-24-3111　www.manoir.co.jp/

1

男性的なログハウスが花園の隠れ家に変身

　別荘地にある総檜造りのモデルハウス。依頼主のメーカーは、男性に比べてログハウスに対する興味が低い女性客にもアピールするインテリアを希望しました。

　デザイナーは、女性客が興味を持ちそうなストーリー「花園の隠れ家」を展開。緑の中に佇む建物。そっと中を覗くと、そこは鳥たちが集う花園の隠れ家……。

程よい分量のピンクと水色の色合わせが若々しく女性的。窓越しの外の風景が引き立つよう、ドレパリーとシアーを重ねずに1本のレールに並べて掛け、ハトメで分量を調節した。
モデルハウス：富士桜高原別荘地

　週末ごとに足を運んで癒されたくなる、そんな家をさまざまな内装材を駆使して表現しました。ドレパリーやソファの張地には格子垣を彷彿とさせるトレリス柄の刺繍生地を採用。カキツバタの花をイメージしたブルーの生地を合わせ、メインカラーのピンクを際立たせています。シアーは空の色に近い水色を選び、外とのつながりを持たせました。床・壁・天井すべてが男性的なログの内装が、見事にフェミニンに仕上がっています。

1 テーブルに鳥籠を飾り、「小鳥が水を飲みに立ち寄る家」のイメージを演出。 **2** 内開き・内倒しのドレーキップ窓にはローマンシェードを合わせた。壁の鏡に照明を当てニュアンスを出している。

Item List
ドレパリー、シェード、ソファ張地、ダイニングチェア張地、クッション：アルデコ／シアー：バサヤ／カーテンレール：トーソー／エリアラグ：東リ

和室から生まれ変わった重厚なリビングルーム。天井を少しでも高く感じられるように太めのストライプ柄の壁紙を使い、モールディングで飾った。

2

親しい人々が集う くつろぎのコンサートホール

　和室を含むマンションのリフォーム事例。梁と低めの天井高が課題でした。顧客の希望は窓から望む雄大な富士山と湖を楽しめるリゾート感のある部屋。この「リゾート感」という言葉や顧客が新しく購入するというピアノから、デザイナーは「音楽を楽しむ生活」という物語を導き出してコーディネートを実行。親しい人々が集いコンサートを開くサロンのような空間をイメージし、大好きな音楽を聴きながら家族や友人たちとくつろぐヨーロピアンな部屋に仕上げました。

　和室とリビングを隔てていた壁や押入れを取り壊し、広いリビングダイニングに。床はアンティーク調のフロアタイルを全面に張り、天井を高く見せるストライプ柄の壁紙とダマスク柄のアクセント壁紙を配しました。クラシックな家具がなじむ重厚感のある空間の完成です。

Item List
ドレパリー：五洋インテックス／シアー：フジエテキスタイル／床材：東リ／壁紙：サンゲツ／モールディング：みはし

押し入れを壊すことで生まれた変形の壁。ダークなダマスク柄の壁紙を貼り、額絵にスポットライトを当てて視線を誘導。さらにソファを配置することで変形が気にならないよう工夫している。

How to Appeal to Clients 01
STORY

リビングルームと和室を隔てていた内壁を外し、一間続きの広いリビングダイニングに。窓まわりを含め全体をベージュやブラウンのカラースキームでまとめ、くつろぎ感のある空間に仕上げている。

Sketch

プレゼン時のスケッチ。「コンサートを開くサロン」のイメージを伝えるピアノと重厚な家具を描き入れた。

How to Appeal to Clients 01 | 077

窓まわりは「コンサートに赴く淑女のお洒落なドレス」をイメージ。タフタに刺繍が施された生地でドレパリーをつくり、葉模様の刺繍が美しいシャンパンゴールドのシアーを合わせた。ジョージアンスタイルのアームチェアが所を得て心地よいコーナーをつくる。

How to Appeal to Clients 01
STORY

寝室も同様に和室をリフォーム。ベッドヘッド側の壁にはダークな色の壁紙を貼り、湿気が多い場所のため中央に吸湿性に優れたエコカラットをアクセント的にあしらった。

Before

3

人の目を和ませる
アクアリウムの家

　部屋の随所に大きな窓がある3階建てのモデルハウスに水族館のような印象を抱いたデザイナーは、「アクアリウム」というストーリーを立ててスタイリング。各部屋に海底や岩場などのテーマを設け、テーマに沿ったエレメントを散りばめています。全体的にシックで落ち着きがありながら部屋ごとに印象が変わり、来場者は本物のアクアリウムを回遊するような楽しさを味わえます。

Item List
【和室】プリーツスクリーン：ニチベイ／壁紙：ルノン／座布団：光織物　【リビング】ドレパリー、シェード、クッション：マナトレーディング／シアー、シェードシアー：カガワ・インターナショナルテキスタイルズ／カーテンレール：トーソー／壁紙：東リ　【寝室】天井クロス、クッション、ベッドスロー：トミタ

海底をイメージした和室は岩肌を思わせるクロスや畳、座布団をチョイス。スリット窓に映えるプリーツスクリーンも岩のようなシックな色を選んでいる。　モデルハウス：城山建設

光があふれるリビングダイニングの窓には、水中花をイメージした柄の生地を採用。サイズが異なる3つの窓は、パネル材と同じ木目調の生地でトップを同分量で切り替えし、高さを揃えた。

寝室には魚の卵が岩場に潜んでいるようなイメージを持たせ、卵のような柄の生地やゆらめく藻のような壁紙を配した。上階の影響で低くなった天井はあえてダークな色のクロスで強調。間接照明を仕込んでデザインの一部とした。

1 ダイニングの3連窓には、リビングのドレパリーと色違いのグレー3色で仕立てたギャザーカーテンをリズミカルに配置。
2 上下に並ぶ窓には壁になじむ色のロールスクリーンをあしらった。羽を休めるステッカーの小鳥がアクセントに。

How to Appeal to Clients | 02

FLAVOR

プラスαの味付けを施す

ファブリックの組み合わせやオリジナルのアクセサリーで顧客にとって「ほかにない、世界でひとつ」のフレーバーを窓まわりにプラス。既製品とは一味違うオーダーの魅力をさらにアピールすることができます。シンプルで機能性を優先しがちなブラインドもテーマに沿ったデコレーションを施し、インテリアになじませています。

Designer's Profile

鈴木恵美子 | *Emiko Suzuki*

高等専修学校家政科での実技指導を経て、青年海外協力隊に参加し2年間バングラデシュで刺繍やミシンを指導。1996年に帰国後、ファブリック小物の企画・製作とともにインテリアスタイリングを手がける。
有限会社めいくまん
東京都八王子市山田町 1689-7
Tel. 042-664-7737　www.makeman1979.com/

既存のエレメントを生かしたクリーンなインテリア

既にブラインドが設置された窓に新たな味付けを施した事例。顧客は3年前に住宅を購入、その際はブラインドのみ取り付けました。今回、寒さを解消したいと相談を受けたデザイナーは、ブラインドに重ねてカーテンを設置。ドレパリーは既存のストライプ柄のクッションに合わせて、白にグレー・ブラウン・ブルーのカラースキームで展開しました。さらに、ブラインドに市販のステッカーでデコレーションを施し、壁面にも展開。窓まわりを中心としてインテリア全体にまとまりを持たせています。防寒の機能を満たすだけでなく、色使いや装飾によって空間が楽しく生まれ変わりました。

ブラインドを閉めると木と鳥籠の模様が1枚の絵のように現れる。団塊世代である顧客の好みを考慮した、やり過ぎない適度なデコレーション。壁にもブラインドから飛び立った小鳥が舞う。

ドレパリーは白をベースに、ボトムにグレー、間にグレーブラウンのボーダーを配した。白1色に比べ温かみや落ち着きが感じられる。

一般的には壁に貼るウォールステッカーをブラインドのスラット幅にカットし、1枚ずつ貼り付けた。スラットを閉じると柄が浮き上がる。

カーテンやステッカーの色を拾ったクッションを追加。既存の家具や内装の色を考慮して色を配分。コーディネートの引き締め役となっている。

Item List
ドレパリー：アルバックス／カーテンレール：トーソー／クッション：サンゲツ　ロールスクリーン：ニチベイ／ブラインド：顧客既存品

1 子ども部屋は断熱性やシアーの見栄えを考慮して、ブラインドを窓枠内に設置。
2 ローマンシェードは異なる生地でサイドをトリミング。柄同士が互いを引き立てる。
3 ファブリックは同色でさまざまな柄を選び、子どものかわいらしさを演出した。

Item List

【キッズルーム】ドレパリー、ローマンシェード：トモデコール／シアー：マナトレーディング／ブラインド：ニチベイ／カーテンレール：トーソー 【プレイコーナー】ロールスクリーン：ニチベイ／バランス：〈無地〉フジエテキスタイル 〈ストライプ柄〉リリカラ 【寝室】ローマンシェード：ゲートウェイ・インターナショナル／シアー：アルバックス／カーテンレール：トーソー 【応接室】ドレパリー：マナトレーディング／フリンジ：ブリティッシュトリミングス／調光スクリーン：ニチベイ／カーテンレール：トーソー

2
顧客一人ひとりに応じてさまざまに味付けを行う

　1階が親世帯、2階が子世帯の2世帯住宅。同じ家の中でも住む人に応じて部屋ごとに異なる味付けがなされた興味深い事例です。最も力を入れたのが子ども部屋。空間全体に漂う愛らしい雰囲気を生み出しているのが窓まわりを中心としたファブリック使いです。遮蔽や採光など機能に優れる一方で無機質な印象が強くなりがちなブラインドも、ステッカーのデコレーションを施してファブリックと組み合わせることで、楽しいインテリアになじんでいます。

4 子ども部屋らしく、ビビッドなピンクとグリーンの蝶柄ウォールステッカーをブラインドにデコレーション。 5 デコレーションのイメージ元となった収納取っ手の蝶。

How to Appeal to Clients 02
FLAVOR

リビングの一角にあるキッズプレイコーナー。窓の位置が低いためロールスクリーンにバランスを付け、上側を柄の色を拾った生地でカバー。飾り棚へと変身させた。

親世帯が住む1階の応接室。アーツ&クラフツ様式の家具に合わせ、その時代を代表するウィリアム・モリスの生地をドレパリーに選んだ。調光スクリーンを合わせて和モダンの空気をプラス。

6 施主が気に入った刺繍生地のローマンシェードは、トップでラベンダーの無地に切り替えて引き締めた。合わせてベッドカバーも刺繍生地×無地でコーディネート。 7 リネンの質感が高級感を醸す。

How to Appeal to Clients | 03

MEMORY

顧客の思い入れを次に引き継ぐ

新居に越したりリフォームを行ったからといって、
それまでの家具やカーテンをすべて買い替える顧客は多くはありません。
愛着のあるアイテムを生かしながら、いかに顧客の希望に応えるか。
色柄やテイストなど全体のバランスを見ながら
新たなコーディネートを提案することが求められます。

カーテン中央に配した赤いボーダー生地は、開けた時にも閉めた時にも程よいアクセントになる。タイバックも共布で製作。

Item List
ドレパリー：〈イカット柄〉クラーク＆クラーク
〈無地〉ヴァイオレット

Designer's Profile
丸山千里 | Chisato Maruyama

外資系企業勤務中にミサワインテリアスクールにてインテリア全般を学ぶ。その後イギリスでインテリアデザインとソフトファーニシングコース習得。帰国後カーテン・インテリア専門店で経験を積み、2008年デコラドール開業。
株式会社デコラドール
東京都世田谷区玉川 4-9-15
Tel. 03-5491-7444　www.decorador.co.jp/

1

個性的な既存アイテムをまとめるファブリックの力

楽しい雰囲気の部屋を希望する顧客の手持ち家具は、コンテンポラリーな赤いソファとモノトーンの柄ラグ。一方飾り棚はクラシカルなもの。顧客が慣れ親しんだアイテムを生かしつつ新しい空間をつくるために、イカット柄の生地をカーテンに採用しました。既存の家具やラグに溶け込みながらも、個性的な柄が新鮮みを与えています。さらにソファの赤から色を取りカーテン中央にあしらうことで、空間につながりが生まれました。無地の赤色はコーディネートを引き締める役割も果たします。床、家具、カーテンがそれぞれ個性的でありながら、色や柄の配置によって全体がまとまっています。

カーテン、家具、床がベージュ系のため、アクセントとして秋から冬の時期はオレンジ色のクッションで部屋の中に温かみを与えた。
春から夏にかけてはブルーやグリーンのクッションに変えて爽やかさをプラス。カーテンの切り替え位置はソファからの目線を意識している。

2

思い入れのある柄生地を再利用で生まれ変わらせる

　以前の住まいから数年で転居してきた顧客。新居ではクランク状に設置された大きな掃き出し窓があり、カーテンに柄生地を使用してもきれいに見えません。一方、以前使用していた刺繍柄のカーテンを気に入っており、新居にも使いたいとの強い希望でした。そこで無地の生地と組み合わせて仕立て直すことを提案。裾付近にリスとハトの刺繍柄を切り取り、ボーダー状につなげました。そうすることで、窓のサイズ違いによる尺不足の問題も解消。太陽の光が差し込むと柄部分が浮かび上がり美しく映えます。シンプルでありながらちょっとしたアクセントが入り、素敵なカーテンが完成しました。

柄を切り取りつなげると、新しい窓巾に納まり旧カーテンをすべて使い切ることができた。無地と組み合わせたことで、思い入れのある柄がより引き立って見える。

Item List

ドレパリー：〈リスとハトの柄〉サンダーソン　〈無地〉ワーウィック／クッション：〈オレンジ無地〉ワーウィック

1 リビングダイニングの窓はフロントレーススタイル。フロント生地に壁紙と調和するチュールレースを選んだ。眺望も妨げない。　**2** 奥行きの浅いコの字型の窓も、厚手のオーガンジーで仕立てたスワッグ&テールとサイドのあしらいがうまく納まっている。額縁効果により豪華さもアップ。

How to Appeal to Clients | 04

VALANCE

バランスを駆使して
ワンランク上の窓まわりを提案

ウインドウトリートメントの上部を飾るバランスは、装飾性の向上や個性の演出のために有効な手段です。ただしその種類やあしらい方はさまざま。部屋の広さや天井高といった空間の特性、窓の数や種類、家具や内装などほかの要素を注意深く観察し、場合に応じて適切な提案を行うことが求められます。

Designer's Profile

平多千春 | *Chiharu Hirata*
梶川完之 | *Masanobu Kajikawa*
梶川　聡 | *Satoshi Kajikawa*

1969年有限会社ミツワインテリア創業。カーテン等の窓まわりをはじめ、床・壁・天井を含めたトータルインテリアを提案する。
有限会社ミツワインテリア
神奈川県大和市西鶴間1-8-18
Tel. 046-275-2424　www.mitsuwa-i.com/

1

ハイサッシを彩る
豪華なスワッグ&テール

　眺望のよい都心の高層賃貸マンション。昼夜にわたり景観を楽しめる優雅な窓辺の演出を依頼されました。顧客の要望は、重厚感がありかつ都会的であること。白で統一された既存の内装、天井まで伸びるハイサッシで構成されるモダンな部屋を、リクエストに沿って変身させるため、大胆なデザインが施されました。主役は素材感と発色が美しい生地です。その魅力を最大限生かすスワッグ&テールバランスをはじめとしたスタイリングで、ゴージャスでドラマチックなインテリアが完成しました。

主寝室は赤・紫・黒を基調としたドラマチックな配色を使いながら、都会的なセンスのよさが感じられるコーディネート。

廊下の壁や天井は既存の白い内装。顧客気に入りのボルドーのカーペットとの鮮やかな対比も魅力的。

Item List
【リビングルーム】前幕チュールレース、後幕ドレパリー：アスワン／バランス：マナトレーディング／トリム：トーソー　【寝室】ドレパリー：サンゲツ／シアー：ヴァネッサ／バランス：フジエテキスタイル／トリム：トーソー／タイバック：マナトレーディング　【2室とも】壁紙：テシード／カーペット：アスワン

ドレパリーはレザー調の厚手生地。シャンデリアのクリスタルを意識してビーズ付きのコードタッセルを選択。

鈍い光沢を放つアンティーク調の壁紙を壁と天井に貼り、高級感を演出した。天井の高さを生かしたあしらい。

室内全体にわたり天井まわりにクラシック感を演出。ウインドウトリートメントやモールディングにボリュームを持たせた分、壁紙や天井クロスはシンプルに抑えた。

2

バランスの活用で さまざまなシーンを演出

多様なデザインのバランスを顧客が望むテイストや状況に応じて駆使することで、インテリアの完成度を高めることができます。例えば上写真の事例は、8面のボウウインドウが特徴的なマンションの1室。その魅力を個性的な窓装飾で際立たせました。多角窓の特徴を生かすスワッグバランスとボリューミーなバルーンシェードの組み合わせで、顧客が希望する非日常的な空間をつくり上げています。ベランダドアなどほかの窓はドレパリーのみに抑え、過剰にならないようにしています。壁面側には装飾モールディングを取り付け、窓と調和させました。

スワッグ&テールには、光沢のあるピンクベージュ色のサテン生地を採用。

Item List
ドレパリー：クリスチャン・フィッシュバッハ／バランス：フジエテキスタイル／タイバック：ウレス／シアー：マナトレーディング／モールディング：トミタ

純和風戸建て住宅のリフォームの事例。天井高は手前のダイニングが240cm、和室を改造したリビング側が230cmと低めでも、凝縮された英国スタイルのインテリアと相性がよく、圧迫感を感じさせない仕上がりに。ウィリアム・モリスの生地をドレパリーとバランス、さらにクッションにもコーディネート。柄を生かすためバランスはシンプルなプリーツスタイルを採用。

How to Appeal to Clients 04
VALANCE

1 幅広の窓に対応して、長めのテールで天高を強調したスワッグ＆テール。「男性的なバランスを」という顧客の要望に応えて、スワッグを飾るジャボも丈を長く、幅広にデザインし、力強さを加えた。ゴールドのアクセントカラーに合わせたトリムやタイバックで格調高さを表現。換気窓の開閉に対応するため、シアーのバルーンシェードを加えた。 2 上品なピンクの壁装ときらびやかな照明に合わせてロゼシャンパンのファブリックを重ね、スワッグでかわいらしい寝室に仕上げた事例。

外の光を取り込むために、バランスは中央をアーチ状にしたシンプルなデザインを採用。レースを手前に掛け、輸入クロスと調和を取りやすい優しい色合いに仕上げている。

How to Appeal to Clients | 05
ACCENT

機能的インテリアの中にデザインを効かせる

窓装飾にとって機能性は重要な要素。その中でいかに個性を演出するかがデザイナーの腕の見せどころです。万人に受け入れられる反面、無難になりがちなシンプルで機能的なインテリアに、程よくデザインと工夫を効かせて個性を演出したいものです。

1 キッズコーナーはさまざまな色を使っているものの、抑えめのトーンで合わせることでうるさくならずまとまっている。
2 フランク・ロイド・ライトの家具で揃えたリビングルーム。床や建具のダークブラウンに合わせて、窓まわりも高品質のシアーをプレーンシェードに仕立ててシックにまとめた。施工：三和インテリア

白い箱に装飾を施してさまざまなテイストを実現

　モデルハウスの事例。基本的には機能的でシンプルなつくりの住宅を、用途によって大きく変身させました。キッズコーナーでは白い壁や梁をマルチに貼り分けて楽しい空間をつくり上げています。カーテンも上下で生地を切り替え、リボンでアクセントづけするなどデザインを効かせています。リビングルームにはフランク・ロイド・ライトの家具を配置し、高級感を演出。水平線を強調したライトのデザインを意識し、シンプルなプレーンシェードやペンダント照明など直線をアクセントにした大人の空間です。

Designer's Profile
西村優子 | *Yuko Nishimura*

スペースデザイン学科を修了後、積水ハウスにて個人住宅、モデルハウスのインテリアコーディネート、スタイリングにかかわる。現在、積和建設神奈川株式会社設計部所属。
積和建設神奈川株式会社 設計部
神奈川県横浜市戸塚区川上町87-4 N&Fビル14階
Tel. 045-392-8361　http://sekiwakensetsu.com/

Item List
【キッズコーナー】シアー：スミノエ／リボン、下部ドレパリー：フジエテキスタイル／アクセント壁紙：テシード 【リビングルーム】シアーシェード、クッション：チェルシー／ソファ張地：カッシーナ

2

プライバシーとデザインを両立するシアー使い

　新築引き渡しから3年経った後の、窓まわりの掛け替え事例。外からの視線を遮りつつフェミニンなインテリアにしたいという要望に対し、さまざまなシアー使いで応じています。

　個室はシアーのみ掛け替え。シックなブラウン系からドット柄のやや地厚なレース地に変更しました。ピンクのリボンが大人の女性らしいアクセントに。その他の場所もシアーをさまざまに重ね使いして、エレガントな雰囲気を保ちつつ機能も両立する窓辺に仕上げました。

Item List
【個室】ドレパリー：フジエテキスタイル／シアー、リボン：マナトレーディング 【玄関】シアーバランス：フジエテキスタイル／シェード：ハンターダグラス 【洗面コーナー】カフェカーテン：川島織物セルコン 【階段ホール】シェード：フジエテキスタイル、サンゲツ

1 シアーのオープンスワッグでシック&エレガントにまとめた玄関ホールの窓。 2 洗面コーナーの窓。外からの視線を遮るため、シンプルなシアーを重ねている。重くならないようにロックミシンで軽やかに仕上げた。 3 階段ホールの窓は、顧客が気に入ったシアーの柄を生かし、カラーシアーを幕幕として重ねた。風を通し視線を遮る機能的な窓まわりに。

個室のシアー掛け替え。異なるリボンの長さがデザインのアクセントとなっている。　施工：三和インテリア

1 ドームの外壁には犬の顔をかたどったアイアンワークのだまし絵を施した。犬用の足洗い場は本物。　**2** ドーム状の建物に加え、エントランスに設けたネオクラシックスタイルのゲートが通行人の注目を集め、特別感も演出する。

How to Appeal to Clients | 06
TROMPE-L'OEIL

ウィットに富んだだまし絵で見る者を楽しませる

フランス語で「目をだます」という意味のトロンプ・ルイユ＝だまし絵。トリックアートとも呼ばれます。空間に奥行きとオリジナリティーを与え、顧客はもとより見る者すべてを驚かせ楽しませる仕掛けです。ユーモアセンスとさまざまな技法を駆使して、日常の中に実用性のあるイリュージョンの世界を生み出します。

Designer's Profile
佐々木智美 | Tomomi Sasaki

桑沢デザイン研究所ヴィジュアルデザイン科卒業。1998年ティーズクリエイティブパートナーとして独立、2001年に有限会社デコラボ設立。空間デザイナーとしてアートワークを取り入れたデザイン業務に携わる。
有限会社デコラボ
神奈川県川崎市麻生区万福寺5-20-22-101
Tel. 044-322-8844　www.decolab.co.jp/

1
「家族」との対面をさらに思い出深いものに

　プードル専門のペットショップオーナーからの依頼。珍しいドーム形の建物で、夢のあるかわいらしいショップにしたいとの希望でした。そこで、クラシカルなモチーフを用いながら、プードルのイメージに通じる軽やかさや愛らしさを重視したデザインを施しました。目を引く外観には壁にアイアンワークの絵をペイント。内部は2重構造にしてチャペルを設け、中をシアーの天蓋や花柄の壁紙で華やかに装飾しています。ペットとの初めての対面がより思い出深いものになる、印象的な空間に仕上がっています。

チャペルの内部は、シアーの天蓋やボンボン付きカーテン、花柄の壁紙で華やかに演出。ペットとの記念撮影に最高の舞台を用意した。
カーテン制作：アーリーバード

3 店内に小さなチャペルをつくり、初めて対面する家族（ペット）との記念になる場所を演出した。　4 チャペルの入口にはティアラ形のアーチを配置。　5 チャペルの天井には無地とドット柄のシアーを重ねた天蓋を設置。中央にはシャンデリアを吊して豪華かつ可憐にまとめた。

店内、チャペル横のソファコーナー。シアーカーテンに、壁と同色のイエローのストライプ柄のアーチバランスを重ねている。バランスにはピンクのリボントリミングを施してかわいらしさを強調した。

Item List

花柄壁紙：テシード／天蓋シアー：〈ドット〉マナトレーディング　〈白無地〉フジエテキスタイル／パネルカーテン：〈シアー〉フジエテキスタイル　〈ストライプ柄〉ハーレクイン　〈ピンク無地〉マナトレーディング／ティアラ形アーチ：デコラボ オリジナル

How to Appeal to Clients 06 | 093

一見では本物の窓（右から2つ目）や装飾とだまし絵との区別がつかない、立体感のある仕上がり。

How to Appeal to Clients 06
TROMPE-L'OEIL

2

道行く人をも楽しませる遊び心の効いた外壁

　閑静な丘の上に立つ高級住宅。外壁塗り直しの際に施された楽しいアイデアです。建物の右側上部にもともと施されていた装飾ボーダーを生かし、左側はだまし絵のボーダーをつなげて統一感を出しています。さらに、顧客のペットの犬3匹が窓から顔を出しているようなだまし絵をペイント。その光景は道行く人たちの微笑ましい話題になっています。

フェイクの窓の中に、顧客の飼い犬3匹とシアーカーテンを精巧にペイント。道行く人にはまるで本物の窓から本物の犬が顔を出しているように見える。

3

実物と絵をミックスして
リアリティーを演出

ホテルのキッズ向けビュッフェコーナーの事例です。通常は宴会場の一部として木製の扉を閉めて隠している場所。朝食の際に扉を開けると、レトロなオルゴールミュージックとともにヨーロッパの街並を思わせる楽しい世界が現れます。扉の裏にドレパリーとバランスを手描きで表現。フリンジやタイバックには実物を使いミックスしているところがポイントです。

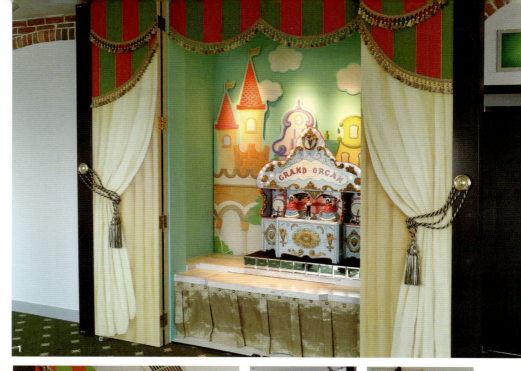

1 オルゴールや異国の街並を模した意匠など、子どもが喜ぶ仕掛けが満載。 **2** 手描きのバランスを彩る本物のタッセルフリンジ。実物と絵を織り交ぜて目の錯覚を誘う。 **3** 組み立ての様子。 **4** 未使用時はドアを閉めて隠すことができる。

1 シャープシェードの水色のラインが窓やソファ背面の幾何学模様の枠と調和し、茶やベージュの色使いと相まってオリエンタルな雰囲気を盛り上げる。 **2** 奥の壁面にはワラサ(細かくした藁)を混ぜた左官素材の上に、韓国の伝統楽器などをモチーフとした画を描いた。

4

色使いとモチーフで
アイデンティティーを表現

デパートに出店する韓国料理店のインテリア全体のプロデュース事例です。立地環境を考慮し、モダンで女性が好む色合いと落ち着いたデザインを提案。奥の壁には韓国の伝統楽器を描き、オリエンタルな世界観を演出しています。

Item List
ローマンシェード:リサブレア、マナトレーディング ソファ張地:大河貿易

エレベーターホールのパブリックスペース。買い物中にほっと一息付けるよう、ベージュや緑色を主体に優しい色使いでコーディネート。壁面の植栽もリラックス効果に一役買っている。

1 テーマは公園。間仕切り壁に鳥カゴが吊された樹をペイントし、本物の時計やディスプレースペースと組み合わせた。 **2** 通路には異なる形状のミラーやフレームを飾り、花模様のペイントやダマスク柄のアクセント壁紙と組み合わせた。通る人の目を楽しませる。

5
癒しの内装と仕掛けで買い物客にアピール

デパートのパブリックスペースの内装事例。リビングをテーマとしたフロアデザインを依頼されました。自然をイメージしてナチュラル感のある家具や植栽を配し、壁面はペイントや柄壁紙、フレーム、ミラーなど、さまざまなエレメントを組み合わせて彩っています。訪れた人の目には平面と立体の区別がつかなくなるような楽しい仕掛けで、商品をアピールするためのディスプレースペースを強調することにも成功しています。

How to Appeal to Clients 06
TROMPE-L'OEIL

第3章

アイデア＆テクニック

第3章では、窓装飾のトッププロフェショナルたちが、
ウインドウトリートメントをオリジナルに調理する
アイデアやテクニックを紹介します。
ほかとの差別化ができ、顧客の購買意欲をそそるワザです。
目指すスタイルに合ったファブリックの色や柄を選び、組み合わせる。
さらにバランスやプロポーションを考えてサイズや分量を決める。
取り付けの問題も美しくクリアするなど
さまざまな要素が登場します。
もちろん、コスト管理や安全性への配慮も忘れずに。

Ideas & Techniques

Ideas & Techniques | 01
カーテントップスタイリング
Curtain Top Styling

既製品にもトップスタイリングの種類が増える中、プロはそれ以上のアイデアやテクニックを駆使し顧客にオリジナリティーをアピールしたいものです。

スモッキング
テープの2段使いで高級感を演出

シアーやプリント地にテープ1段使いでかわいらしさを表現するのが一般的なスタイル。ここでは厚手の生地にテープを2段使いしてボリュームを出しています。高く取った耳立てを波立たせ、裏地をアクセントに。
デザイン：木村さちこ（ファブリックマジック）
「JAPANTEX2014」WTP展示

タブトップ
ファブリックの色と柄を生かしてエレガントに

窓巾への対応が自在で、量販店などでよく目にするタブトップ。本来ナチュラルな印象ですが、ここではカーテンパネルの上部をU型にくり、広巾のタブを無地の生地で束ねることで、エレガントで高級なスタイルに。
デザイン：木村さちこ（ファブリックマジック）
「JAPANTEX2014」WTP展示

ロッドポケット
複雑な透明感を演出するオーガンジーの2枚重ね

ミントグリーンのオーガンジーをメローミシンで縁取ったものを2枚重ね、スウィングロッドに通しました。高く取った耳立て部分を少しずらして合わせることで爽やかなグリーンを多く見せ、春の季節感を演出。
デザイン：木村さちこ（ファブリックマジック）
「JAPANTEX2014」WTP展示

ゴブレット

ファブリックのあしらいで表情を変える

ゴブレットは脚付きのグラスのこと。脚部分にくるみボタンをアクセントに飾るのが通常のスタイルです。プレーンな生地にはコーディネートカラーのボタンを。右の事例では、ゴブレットを少しくって裏地のピンクを見せ、ストライプ柄を強調しています。

デザイン：（左上）越川洋平（オーブインターナショナル）（左下）木村さちこ（ファブリックマジック）「JAPANTEX2014」WTP展示　（右）木村さちこ「with Curtains 2014」展示

ハトメ

大きなハトメ使いでハンサムなイメージに

アイレットレースに代表されるかわいらしい印象が強い小ハトメに対し、大きなシルバーのハトメを使うことでモダンなスタイルに仕上げました。吊元をシンプルに納め、本体に大胆なハウンドトゥース柄を使用。さらにファー風のトリムをあしらい、マニッシュな印象に。

デザイン：木村さちこ（ファブリックマジック）「with Curtains 2014」展示

ターンオーバー

シンプルなテクニックで表情をつける

カーテンパネルのトップから20cm程度の位置で一つ山をたたんで手前に折り返し、ギャザーバランス風に見えるように演出しています。シアーなど表裏のないシンプルな薄地のファブリックに向くスタイリングです。

デザイン：越川洋平（オーブインターナショナル）

ダイヤモンドプリーツ

細かいプリーツで
上品なかわいらしさを演出

スモッキングと同様に、プリーツテープを使って仕上げるダイヤモンドプリーツ。ここではテープを3段使いにし、大人かわいい表情を強調。耳立て部分は、ワイヤーを入れシェルトップとして、貝殻のように見せています。
デザイン：REIKO（D'Arc Deco）

一つ山

柄の美しさを生かす
シンプルな仕立て

大柄でエレガントなフワラープリントの生地。その長所を生かすため、トップのあしらいは一つ山ヒダを選択しました。柄の美しさを見せながら、動きを出すことができます。
デザイン：木村さちこ（ファブリックマジック）
「JAPANTEX2014」WTP 展示

切り替え

コーディネート柄を生かす
切り替えスタイリング

カーテン本体は花柄の輸入プリント。海外のプリント生地の多くは、ストライプや小花などコーディネート柄が揃っています。ここでもトップ部分をストライプのコーディネート柄で切り替え、変化を加えました。
デザイン：丸山千里（デコラドール）

バランス風トップ

ボリューミーなパフで
華やかさをプラス

艶のあるシャンタンとボイルでダブルのパフをつくり、シアーカーテンのトップに留め付けました。パフ部分を折り返し、バランスを取り付けたように見せています。
デザイン：室賀裕子（ガロムユウ）

着せ替えバランス風

**生地特性を生かした
変幻自在なあしらい**

バランス風のトップにシンプルな帯をあしらうことで、状況や気分に合わせて多様な表情が楽しめるデザインです。帯の両端の革紐を装飾レールのリングランナーに結び付けるだけの単純な仕組みで、アレンジの応用範囲が広がります。シンプルな形状からさまざまな用途や美しさを楽しむアイデアは、日本が誇る伝統文化、折り紙や風呂敷からヒントを得たもの。
デザイン：前畑順子（フリートゥビーミー）

Ideas & Techniques | 02
サイド スタイリング
Side Styling

カーテンパネルのサイド（打ち合わせ）は昼も夜も目につく部分です。縫製によって魅力を増すファブリックの色、柄の表情を楽しみましょう。

ダブルフリル
柄と無地をダブルに重ねて大人かわいいスタイリング

通常、輸入のプリント生地は大柄、中柄、小柄、ストライプ柄、そして無地が1つのシリーズ内で展開されています。それを生かし、同じシリーズの柄生地のフリルに無地のフリルを少しずらして添え、リズムを出しています。
デザイン：木村さちこ（ファブリックマジック）
「with Curtains 2014」展示

ポケット付き サイドバンディング
子ども自らアレンジを楽しむ実用スタイリング

子ども部屋のシアーカーテンに、楽しいポケット付きバンディングをあしらいました。ポケットにはお気に入りのぬいぐるみをディスプレーしたり、行方不明になりがちなリモコンなどの小物を入れておくことができます。
デザイン：前畑順子（フリートゥビーミー）

タックフリル
たっぷりのヒダでウェーブ効果を出す

花柄のシアーカーテンから拾った2色の無地を少しずらして重ね、細かいタックでたたみフリルに仕上げました。たっぷりのヒダがウェーブをつくり、裏地のカラーがところどころで顔をのぞかせて程よいアクセントになります。
デザイン：木村さちこ（ファブリックマジック）
「JAPANTEX 2014」WTP展示

コーディネートカラートリミング

ブラインドのスラットと色を合わせたトリミング

シアーファブリックのカーテンを2枚重ね、それぞれイエローとグレーのトリミングを施し、ブラインドのスラットとカラーコーディネートしました。オパールプリントのシアーから透けて見えるイエローが躍動的です。
デザイン：木村さちこ（ファブリックマジック）
「with Curtains 2014」展示

マグネット付きリボン

サイドを留めてドレープをつくる

店舗サロンの間仕切りカーテン。コストを抑えつつエレガンスを表現するため、カーテンの一部をマグネット付きのリボンでたくし上げて留め、サイドのスタイリングとしました。たっぷりとしたドレープが高級感を演出します。
デザイン：河西利枝子（Rデコール）

リボン通し

ダークグレーのリボンで花柄をモダンに演出

エレガントな花柄プリントもブラインドと合わせてモダンな印象に。カーテンのサイドには切り込みを入れてグレーと濃い紫のリボンを差し込み、ブラインドのスラットとカラーコーディネート。モダンさを強調しました。
デザイン：木村さちこ（ファブリックマジック）
「JAPANTEX 2014」WTP展示

オリジナルトリミング

顧客の好みに合わせて刺繍風コードをデザイン

バイオリン好きの顧客のために、タッセルに合わせてバイオリンのカーブ状のコードをデザインし、プレーンなカーテンに留め付けてサイドスタイリングとしました。階段の手すりのカーブとも調和し、よりエレガントに。
デザイン：森 澄子（インテリアネットワークス）

Ideas & Techniques | 03
ボトム スタイリング
Bottom Styling

「カーテンボトムは床上がり1cm」と決められていたのはもう昔の話。今では多様なスタイルのボトムがあります。

スウィーピング
床をはうファブリックがクラシカル

たっぷりと床をはうスウィーピングボトム。床を掃除する箒の形に似ているのでこう呼ばれます。クラシカルにするには窓高が足りないときに、写真のように床をはわせると、バランスのよいスタイリングに。
デザイン：河西利枝子（R デコール）

テグス・スウィーピング
優雅さを強調するテグスのひと手間

高級感を演出するスウィーピングボトム。ここではシアーカーテンのボトムをハイギャザーで切り替え、スウィープさせました。さらにテグスを差し込み床にうねらせて、ボトムのラインを強調しています。
デザイン：木村さちこ（ファブリックマジック）
「with Curtains 2014」展示

ブレーキング
硬めのファブリックで現代的スウィーピング

トレンドスタイルでドレパリーにボリュームがほしい場合、硬めのファブリックを用いて床丈＋5〜6cmに仕立てます。余分な丈が床にしっかりとしたヒダをつくり、スウィーピングボトムに比べてモダンな雰囲気に仕上がります。
デザイン：西垣ヒデキ& shio（decorators）

パッデドボトム
ふっくらボリュームがゴージャス

花嫁の打掛の裾のようなあしらいです。花柄刺繍の表地のボトムとサイドに裏地を折り返し、綿を入れてボリュームを出して豪華に。生地の切り替え部分にフリンジをあしらい、さらに重厚感を出しています。
デザイン：木村さちこ（ファブリックマジック）
「with Curtains 2014」展示

ティアードフリル

シックな生地を甘く仕上げて

ストライプのジャカードのドレパリー。同生地を斜めに縫製したフリルを、ボトムに2段重ねています。どちらかというと落ち着いたシックなイメージの生地が、複雑なラインの動きでダイナミックかつ甘い印象に変身しました。
デザイン：木村さちこ
（ファブリックマジック）
「with Curtains 2014」展示

ピンチアップボトム

ランダムなドレープがフェミニン

カーテンの裾を不規則につまみ上げて留める、優雅で女性的なスタイリング。柔らかな薄手のファブリックを使うと美しく仕上がります。
デザイン：木村さちこ
（ファブリックマジック）
「JAPANTEX2014」WTP 展示

ツイストハイギャザー

プリンセスのドレスのように美しく

シアーファブリックをバイアスの袋状にし、ハイギャザーの位置でねじって留めています。通常のギャザーと比べてよりボリュームが出て、ゴージャスに仕上がります。
デザイン：木村さちこ
（ファブリックマジック）
「with Curtains 2014」展示

切り替えボトム

縦横を切り替えて柄の魅力を引き出す

ストライプの多色プリント生地。その特徴を生かし、ボトムから50cm程度の高さで縦横に切り替えて楽しみます。ボンボントリムをあしらい若々しい躍動感もプラス。
デザイン：木村さちこ
（ファブリックマジック）
「with Curtains 2014」展示

トップ・ボトム切り替えのパネルカーテン

イタリアンが似合うカラーコーディネート

キッチン横の窓にシンプルなホワイトのパネルカーテン。トップとボトムをアップルグリーンのストライプで切り替えました。その上にブラックのモチーフを留め付け、ガラスのドアのように見せています。サイドはオレンジのトリム。
デザイン：森 澄子（インテリアネットワークス）

Ideas & Techniques | 04
バランス
Valance

日本でもバランスがおなじみになりました。
多くの場合、納まりが分かりやすい伝統的なバランスが
採用されていますが、トップデザイナーたちは
それを超えるオリジナルなバランスを提案しています。

スワッグ&テール
ボタニカルプリントを辛口にデザイン

一口にスワッグ&テールといっても、あしらい方によって印象は大きく異なります。ここではスワッグの量を少なくし、トップを細めのストレートバランスにしてボリュームを抑えました。さらにナチュラル感のあるフリンジやタッセルをあしらい、ロマンチックなボタニカルプリントを辛口にアレンジしています。
デザイン：REIKO（D'Arc Deco）

スワッグ&テール
フロントシアーの
スワッグ&テール

伝統的なジョージアンスワッグ&テールを、花柄刺繍のドレープ地にシアーを重ねて一体縫製し、柔らかなイメージに変えました。間のスワッグはブラウンの無地を使いメリハリを効かせています。天板にも少しアールをつけて、優しさをプラスしています。
デザイン：木村さちこ（ファブリックマジック）
「with Curtains 2014」展示

スワッグ&カスケード
2種類のスワッグで複雑な表情をプラス

テールが長めのものをカスケードと呼びます。天井高のある吹き抜けの階段室に飾ったスワッグ&カスケード。窓上部の高い位置に取り付けたカメオ風のスワッグホルダーがグレード感を演出しています。窓正面にはシングルスワッグをあしらい、ホルダーから垂らした斜めのスワッグを両サイドのカスケードにつなげています。それぞれ異なるドレープが織りなすラインの複雑な表情がポイントです。
デザイン：REIKO（D'Arc Deco）

オープンスワッグ
スワッグとカーテントップの繊細な共演

スワッグ上部に隙間を空けるスタイル。ここではチュールレースで仕立てたスワッグの背後から2色のピンクをのぞかせて、微妙な色の変化を楽しんでいます。ギャザー芯もバックバランスでカバーして細部まで抜かりなく。
デザイン：木村さちこ（ファブリックマジック）
「with Curtains 2014」展示

ギャザーバランス
1つのバランスに3つの要素を集結

裾をスカラップ状にカットしたギャザーバランス。パープルのトリミングを施した無地の生地に花柄のシアーを重ね、裾からトリミングの色が見えるようにデザイン。優雅な花柄を、ペンシルプリーツがすっきり見せています。
デザイン：木村さちこ（ファブリックマジック）
「JAPANTEX2014」WTP展示

ストレートバランス＋スカーフのシンメトリーアレンジメント
2つの窓を1つの大窓に見せるテクニック

裾をカーブ・カットしたストレートバランスに、シアーのスカーフバランスをあしらったデザイン。壁を挟んだ2つの細長窓用に、ドレパリーとともに左右対称に作成。2つの窓を一体化し大窓に見せる技法です。
デザイン：木村さちこ（ファブリックマジック）「JAPANTEX2014」WTP展示

バナーバランス
生地を重ねてユニークなあしらいに

重なった木の葉をイメージし、バナー状に垂らしたユニークなデザインのバランス。じつはその下に見えるカーテンと一体になっています。薄手のシアーファブリックのため、重ねてもボリュームが出過ぎずにきれいに納まります。
デザイン：木村さちこ（ファブリックマジック）
「with Curtains 2014」展示

ワンポイントプリーツバランス
動きが生まれるさりげないプリーツ

落ち着いたストライプ生地をストレートバランスに仕立て、両サイドに1カ所ずつボックスプリーツをアクセントとして加えました。カーテンのサイドには横使いのストライプをバンディング。
デザイン：木村さちこ（ファブリックマジック）「JAPANTEX2014」WTP展示

なんちゃってバランス
気軽に取り入れられるアイデアバランス

柄の美しさを見せたい、女性らしさがほしい、でもシンプルに。そこで、生地を半楕円にカットして芯地を貼り、スワッグもどきに仕立てました。テール部分はきちんとヒダを取り、それらしく。
デザイン：塩谷博子（ファブリックワークス）

パッデドバランス
柄の美しさを堪能したいなら

ファブリックをストレートに仕立て、中綿でボリュームを加えたバランスです。コーニスと呼ぶこともあります。柄の美しさを見せたい、グレード感を出したい、オリジナルなアクセントを演出する背景として……インテリア全体への効果を考えてあしらいます。
デザイン：（左上）REIKO（D'Arc Deco）（右上）木村さちこ（ファブリックマジック）「with Curtains 2014」展示　（左下）森 澄子（インテリアネットワークス）

ミックスストレート

トロピカル柄を引き締める個性派バランス

3種の異なるファブリックを継いでデザインしたストレートバランスです。ドレパリーのトロピカル柄とカラーコーディネートさせつつ、シャープなイメージでまとめています。ドレパリーも左右アシンメトリーにデザイン。
デザイン：森 澄子（インテリアネットワークス）

シェープドボトムバランス

ハートを連想させるオリジナルのカッティング

白いピンストライプのドレパリーに、辛口の花柄でバランスをあしらいました。バランスのボトム部分にハートをイメージさせるラインのカットを入れてトリミングで強調。大人のかわいらしさを演出しています。
デザイン：越川洋平（オーブインターナショナル）

デコレーテッド コーニスボックス

ファブリックのデザインに応じてボックスもアップグレード

大胆な柄のローマンシェードを部屋になじませるため、既設のコーニスボックスにもひと工夫加えて調和を図っています。同室内にある椅子のブルー張地を使い、オリジナルデザインのモチーフを留め付けました。
デザイン：森 澄子（インテリアネットワークス）

Ideas & Techniques | 05
ファブリック アクセサリー
Fabric Accessory

色、柄、素材感に加えて、加工が自由な
ファブリックの特性を生かしたさまざまなアイデア。
オリジナリティーの演出にも役立ちます。

転写プリントパネル
シアー生地への転写で表情が変わる

顧客のこだわりを取り入れたアクセサリー。観音像図にデザインを加えてシアーファブリックに転写プリントし、パネルに仕上げました。ガラス越しに透ける外の景色と相まって魅力的です。
デザイン：森 澄子
（インテリアネットワークス）

パネリング
生地やデザインでクラシカルに

クラシカルなしつらえでよく見かけるファブリックボード。ここでは中綿を入れてふっくらと仕上げることでファブリックの風合いがより際立ち、ブラケットの光もふんわりと優しく広がります。
デザイン：REIKO（D'Arc Deco）

マグネット付きフラワー
強力マグネットで自由自在に飾り付け

薄手のファブリックは変幻自在。端切れで大小のコサージュをつくり、裏の芯部分にマグネットを取り付けます。シンプルなバランスをマグネットで挟むようにしてフラワーを飾ればファッショナブルに大変身。
デザイン：大西ゆかり（あとりえ自遊時感）

トリム材バナー
既製品を賢く使ったお手製アクセサリー

幅広リボン状のトリム材で手づくりしたバナーで、シンプルなバランスを飾ります。レールの上部の空きを利用してバナーを掛け、裏からマグネットや安全ピンで留めただけ。好みの位置や長さでアレンジ可能です。先端にクリスタルビーズを付けてウエイト代わりにしています。
デザイン：大西ゆかり（あとりえ自遊時感）

アクセントリーフ
立体感のある飾りで楽しく彩る

ブラインドのヘッドボックスを飾る木の葉形のアクセント。ブラインドのスラットと色を合わせたファブリックを葉の形にキルトして仕立てています。ステッチで葉脈も表現。
デザイン：木村さちこ（ファブリックマジック）
「with Curtains 2014」展示

ミニシェード
照明にも手を抜かず完成度を高める

シャンデリアのシェードを既製品にせず特注し、インテリアの完成度を高めています。ウインドウトリートメントや壁の色とコーディネートしたグレイッシュパステルのトワレ生地を使い、優美に仕上げました。
デザイン：REIKO（D'Arc Deco）　制作：坂部真一（クラシカ）

フェイクキャノピー
簡単なのに効果は絶大。気分に応じて付け替えも

50cm程度の巾のファブリックを天井から下げたバーに渡してヘッドボードを覆うキャノピー風にあしらいました。2カ所で留めるだけの簡単取り付け、シンプルでリーズナブル、自由自在に調節可能とうれしいことづくしです。
デザイン：渡邉明美（MANOIR）

ランプシェード＆窓掛け
異なる柄でも違和感なくなじむ

輸入ファブリックのコーディネート柄を活用したアイデア。ウインドウトリートメントに採用した花柄と図案柄の端切れを利用して、フロアランプのシェードを作成。組み合わせによって印象が変わります。
デザイン：坂部真一（クラシカ）

Ideas & Techniques | 06

チャイルド セーフティー
Child Safety

近年日本でも関心が高まりつつある、ブラインド類のチェーンやカーテンを束ねるタッセル紐の安全性。インテリアのプロが楽しく解決する方法を提案します。

マスコットチェーンホルダー
ファブリックを活用した子ども部屋の守護神！

ローマンシェードの柄の一部を切り抜いてつくったフクロウのチェーンホルダー。マグネットを仕込んで幕体に着脱できるようにしています。愛嬌たっぷり、楽しいので、毎朝チェーンを収納するのも苦になりません。
デザイン：鈴木恵美子（めいくまん）

マグネットタッセル
シアーにも似合う安全タッセル

表側にコサージュをあしらい、裏にマグネットを取り付けたタッセル。子どもの体重など、一定の重さが加わると外れます。透けるシアーでもきれいに納まります。
「ペオニア」フェデポリマーブル
スタイリング：白川えり子（レヴェイユ）

マグネットシュシュタッセル
カーテンと色を合わせたかわいいシュシュ

髪飾りのようなギャザーがかわいらしいシュシュタッセルにも両端にマグネットを取り付けて、一定の重さが加わると外れるように工夫。カーテンを少しだけ開けたいときにも役立ちます。
デザイン：鈴木恵美子（めいくまん）

マグネットシュシュタッセル
安全性を保ちつつ季節に応じて楽しく彩る

カーテンの前方で束ねることができるマグネット入りシュシュタッセル。季節ごとにコサージュなどアクセサリーを付け替えて楽しみます。例えば12月にはクリスマスリースと合わせて。
デザイン：白川えり子（レヴェイユ）

マグネットふさ掛け
タッセルを使うときに便利なアイテム

マグネットでカーテンを挟んで固定するタイプのふさ掛け。一定の重さが加わるとふさ掛けごと外れます。
トーソー

チェーンホルダー
オーガンジーのシェード本体にも問題なし

手づくりコサージュを幕体に安全ピンで留めただけの簡単ホルダー。幕体がデリケートなオーガンジーでも、リングテープ部分に留めれば生地を傷めません。
デザイン：前畑順子（フリートゥビーミー）

チェーンホルダー
100円ショップも大活用の楽しいホルダー

複数のチェーンを収納できるよう、100円均一ショップで購入したバスケットを利用した例。ローマンシェードのファブリックの端切れを利用してつくったコサージュをアクセントに。
デザイン：日吉 啓（サンクラフト）

チェーンホルダー
気になる箇所を程よく隠すリースの工夫

壁に小さな容器を取り付けて、チェーンを収納します。リースを飾り容器とチェーンの目隠しにしました。
デザイン：白川えり子（レヴェイユ）

着せ替えチェーンホルダー
チェーン自体も美しく飾ってインテリアに

壁にフックを取り付けて、チェーンを巻き付けて収納。フックは季節に合わせて着せ替えコサージュでカバー。チェーンに付けたクリスタルもデザインのポイントに。
デザイン：白川えり子（レヴェイユ）

Ideas & Techniques 06

Ideas & Techniques | 07
取り付け
Furnishing & Installation

ウインドウトリートメントだけを見ると美しいけれど、壁全体や空間全体を見るとなんだかしっくりこない、そんな例を多く見かけます。
問題をクリアする方法をプロが提案します。

垂れ壁のコーナー処理
交差する梁下まで伸ばしてカーテン巾と合わせる

左の事例と同じ物件を奥の部屋側から見た風景です。垂れ壁を長めに仕立てたギャザーバランスで覆い、交差する梁の下部も同じように処理しました。そのため間仕切りカーテンのワイドとも違和感なく納まっています。
デザイン：鈴木恵美子（めいくまん）

梁の処理
梁への納まりだけでなく全体のバランスを整える

エステサロンの部屋を間仕切る壁をカーテンでカバー。優雅なスワッグを飾りたい顧客の要望に応え、垂れ壁をストレートバランスで覆い、そこに柔らかなスワッグをあしらいました。間口、天井高とのプロポーションも考慮。梁と交差する箇所にストレートバランスのポイントがくるようにデザインしています。
デザイン：鈴木恵美子（めいくまん）

梁の処理
余白をカバーするトリムの直線効果

天井からの下り部分が大きい梁に、ストレートバランスを取り付けた例。バランスに付けるトリムの位置を梁の下端に合わせて、1本のラインになるようにしました。ラインの効果でバランス上部の余白が気になりません。
デザイン：西村優子（積和建設神奈川）

梁の段差解消
欠点を逆手に取ってデザインポイントに

リビングの窓は、梁を隠す目的のストレートバランスに、スワッグ＆ジャボを重ね使い。天井高の低い奥のダイニングの窓はブレード位置を工夫したストレートバランスだけにし、リビングの上飾りとのつながりを持たせています。
デザイン：前畑順子（フリートゥビーミー）

梁・垂れ壁の処理
垂れ壁のボリュームを
カバーするあしらい

天井からの距離がある垂れ壁。スワッグ取り付けの要望の対応策です。間口とカーテン高のプロポーションを考慮してスワッグの垂れ分を決め、取り付け位置にホルダーを設置。スワッグと共布でくるんで中芯を入れたホルダーがアクセントになり、余白が気にならないようにデザインしています。
デザイン：塩谷博子（ファブリックワークス）

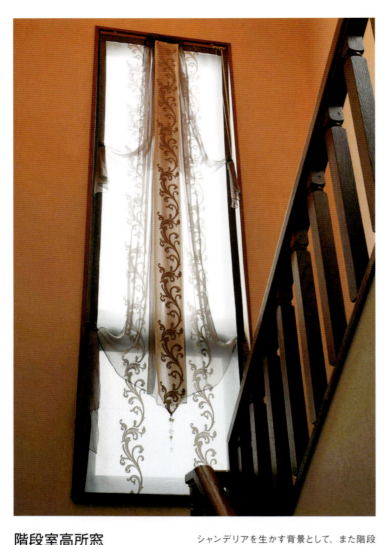

階段室高所窓
ポールカバーで階段下からの眺めも美しく

高所窓のウインドウトリートメントは小さくてもある程度の費用がかかるため、DIYで対処した例です。ファブリックをギャザーの袋状に仕立て、カーテンを取り付けたテンションポールをカバーしました。取り外しも簡単です。
デザイン：大西ゆかり（あとりえ自遊時感）

階段室高所窓
操作コードで降ろせるレールでアレンジを楽しむ

シャンデリアを生かす背景として、また階段室のフォーカルポイントとしてデザインしたシアータペストリー。高所から降ろせるレールで、アレンジもメンテナンスも簡単。日々異なるウインドウトリートメントを楽しめます。
デザイン：前畑順子（フリートゥビーミー）

階段室高所窓
柄を生かしてアートのように見せる

水彩画のような美しい柄を見せるため、タペストリー状のパネルに仕立てて窓にあしらいました。光を透かすとまさに絵画さながら。壁面のスペースが大きい吹き抜けに対し、この1枚で十分なアクセントになっています。
デザイン：森 澄子（インテリアネットワークス）

サッシ隠し

問題解決も美しさも両立

天井ぎりぎりの位置から始まる大型窓。サッシを隠すためにコーニスバランスをデザインしました。中央の内開き網戸に対しては、バランスの丈を中央に向かって徐々に短くし、中央に柔らかなスワッグをあしらうことで開閉に支障がないようにしました。問題解決の結果とは感じさせない、プロならではのデザインです。

デザイン：木村さちこ（ファブリックマジック）

リターン処理

オリジナルリターンで側面の美観にも配慮

コーナー窓にローマンシェードを取り付ける場合、そのままでは側面窓と幕体の間に隙間が見えてあまり美しくありません。それをカバーするリターンのテクニックです。ここではシェードの裾デザインに合わせたミニタペストリーを作成。カーテンボックスの内側に面ファスナーで貼り付けて隙間を隠しています。細部への配慮がインテリアの完成度を高めます。

デザイン：前畑順子（フリートゥビーミー）

Designer's Profile

河西利枝子 | Rieko Kasai

インテリアデザイン会社等に勤務。コーディネート・デザイン業務に携わりインテリアコーディネーター資格を取得。2007年に育児から復帰。一般住宅、結婚式場・ホテル・サロンなどの商業施設を手がける。

Rデコール（所属：株式会社インデコ）
東京都渋谷区幡ヶ谷1-1-1
Tel. 03-5371-7022
www.indeko.co.jp/

坂部真一 | Shinichi Sakabe

ヨーロッパのシャンデリアをはじめとした照明器具を中心に、輸入、加工、販売を行う。カーテン生地を照明のシェードに加工するなどウインドウトリートメントとのコーディネートも得意とする。

クラシカ株式会社
埼玉県戸田市美女木向田1136-3
Tel. 048-449-7440
www.clasica.co.jp/

白川えり子 | Eriko Shirakawa

証券会社勤務後、インテリアやカラーを勉強。インテリア事務所を経て2008年にレヴェイユを設立。いけばなとアレンジメントの教授資格を有し、花を取り入れたインテリアコーディネートを得意とする。

株式会社レヴェイユ
神奈川県横浜市金沢区柳町31-20
Tel. 045-788-3764

※下記デザイナーのプロフィールはページ先をご覧ください。

木村さちこ（ファブリックマジック）P12 ／ 西垣ヒデキ＆shio（decorators）P20 ／ 越川洋平（オーブインターナショナル）P28 ／ 森 澄子（インテリアネットワークス）P44 ／ 大西ゆかり（あとりえ自遊木感）P50 ／ REIKO（D'Arc Deco）P54 ／ 室賀裕子（ガロムユウ）P59 ／ 日吉 啓（サンクラフト）P70 ／ 渡邊明美（MANOIR）P74 ／ 鈴木恵美子（めいくまん）P80 ／ 丸山千里（デコラドール）P84 ／ 西村優子（積和建設神奈川）P90 ／ 塩谷博子（ファブリックワークス）、前畑順子（フリートゥビーミー）P128

付録1

インテリアデザイナーのおすすめマテリアル

思いを形にするには、市場にどのような商品があり、どんな特徴があるのかを知っておかなければなりません。ファブリックを中心に、プロが実際に試して自信を持っておすすめできるアイテムを紹介します。

Fabric [Basic]
定番のファブリック

あしらいによってさまざまに演出できる定番の無地生地は、なくてはならないもの。色数、質感、納期、価格等の観点から、使い勝手のよいものを選びました。

A エマ
フジエテキスタイル「STORY」コレクション

根強い人気のベルギー製タフタ生地で、取り扱いのしやすさが魅力。発色のよい45色のラインアップで、さまざまなアレンジが楽しめる。

 全45色

B WF2500 コローレ
フジエテキスタイル「WORLD FABRICS」コレクション

起毛加工が施された発色のよい平織。比較的手ごろな価格で、高額生地との組み合わせに便利。色をはっきり出したい時は裏面も使用可能。

 全40色

C Pampas（パンパス）
デザイナーズギルド「MESILLA FABRICS」コレクション

コットンとポリエステルを混紡した、節のあるスラブ調のサテン生地。美しい光沢と色、程よい重量感がカーテンのアクセントに向いている。

 全51色

D CELINE（セリーヌ）コレクション
レイナルド／テシード取り扱い

シャイニーな光沢で発色もよいベルベット生地。重厚感があり、美しいドレープを表現できる。豊富な色展開で使いやすい。

 全50色

E LINAS（リナス）コレクション
コルティナ

麻素材を希望する人にすすめやすいのがこのシリーズ。価格が他の輸入品より手ごろで、基本的に国内在庫のため納期も早い。

 全14色

F EK772〜827
サンゲツ「Mine」コレクション

何といってもリーズナブルな価格と色数の豊富さで、抜群に使いやすいファブリック。納期が短く手に入れやすいのも魅力。

 全56色

Fabric [Pattern]
柄もののファブリック

柄がインテリアに与える影響は大きいものです。
ここではつくり手の意図が明確で使いやすいもの、
普遍的なデザインの生地を中心に紹介します。

A D-9095・9096
スミノエ「キャサリン ハムネット」コレクション

大胆なゴシックパターンのプリントがユニークかつ普遍性のあるデザイン。つねにメッセージ性の高い商品を発表する本コレクションらしく、環境に配慮した再生ポリエステル素材を使用。

B ルシー RC154
フェデ「フェデリッコ」コレクション

大胆なマルチボーダー柄は特に大型窓に映える。グレーとブラウン、ベージュの洗練されたカラーリングは、落ち着いた大人のリラックスリビングに最適。

C SOVEREIGN コレクション
ハーディ/テシード取り扱い

ここ数年大柄やモダンなダマスク柄が多くなる中、伝統的なダマスクを中心に、唐草、ストライプの大小、花柄が多色で揃う。色出しもシックで、コーディネートで使いやすい。

D Halcyon コレクション
ブレンドワース/メサテックスジャパン取り扱い

プリントが多く発色もきれいなブランド。レトロ柄からモダンな柄まで幅広く揃う。Halcyon コレクションはナチュラルな麻やコットン素材で、若々しい花々や鳥の姿がプリントされている。

E Malvern
ロモ「SOMERFORD」コレクション/マナトレーディング取り扱い

幅の異なるラインを組み合わせたマルチストライプ柄で、ナチュラルなコットン地にマッチするフレッシュな印象の生地。椅子張り用だが、クッションやドレパリーにも使用できる。

F PASAYA CITY コレクション
パサヤ/インフィーニ・インコーポレイテッド取り扱い

クラシックモダンでエレガントなファブリックが多く、色数も豊富なブランド。使いどころのイメージが湧きやすい。ナチュラルな光沢と素材感のよさも魅力。
コーディネート：中島淳子

A

B

C

D

E

F

Fabric [Trend]
トレンドのファブリック

トレンドを取り入れるのに、ファブリックは最適な
エレメント。今風のインテリアを楽しみたい人向けに
幾何学柄やエッジィなデザインの生地に注目しました。

A EK8188〜8190
サンゲツ「SOLEIL」コレクション

織りで幾何学柄を表現した、モダンでスタイリッシュなファブリックは表情豊かな窓まわりに。色の選択で印象が大きく変わる。

B KSA1038・1039
東リ「エルーア」コレクション

最近ファッションでも注目される大胆なスケール感の千鳥格子柄を、カーテンファブリックで取り入れることができる。モノトーンと鮮やかなレッドの2色展開。
コーディネート：木村さちこ

C Arietta コレクション
デザイナーズギルド

コットンに金属糸が混織されており、光沢感と独特のシワ感が絶妙なファブリック。このブランドならではの鮮やかな色出しも魅力。38色展開で、メインとしてよりもアクセントとして使うと効果的。

D South Beach コレクション
クラーク＆クラーク／カガワ・インターナショナルテキスタイルズ取り扱い

リネン混の生地に大胆なエスニック風幾何学柄が刺繍されたファブリック。麻のさらりとした質感も魅力的。コレクション内で同系色の異なる柄を組み合わせると、よりセンスよくまとまる。

E KELAT
アルハンブラ「Sapori」コレクション／
カガワ・インターナショナルテキスタイルズ取り扱い

イカット柄を鮮やかな刺繍で表現した、トレンドが詰まった生地。白地に単色の規則的な柄のため、意外と取り入れやすい。

F TROPICAL VIBES コレクション
アルデコ／bp international tokyo 取り扱い

今の気分にぴったりなコレクションで、一気にインテリアが垢抜ける。中でも色とりどりの上質な刺繍が施された「GRACELINE」（施工例写真）や「CARIBBEAN ISLANDS」（左写真）が一押し。

Fabric [Sheer]
シアーファブリック

今やシアーはドレパリーの脇役ではありません。
さまざまに意匠が凝らされたシアーを
インテリアの中心として大いに活用しましょう。

A Define
ディファイン
ハーレクイン「Momentum Sheers and Structures」コレクション／マナトレーディング取り扱い

イカット柄に想を得た大胆な幾何学柄がバックカットされたシアーファブリックは、まさに今のトレンド。大柄を生かして大窓に主役として使いたい。

B D-9016・9017
スミノエ「プリズマ」コレクション

光の屈折・反射をモチーフにした大胆な幾何学柄が特徴のシリーズ。オーガンジー地にサンバースト柄が高密度刺繍されたさりげなくも印象的な柄は、モダンな部屋にぴったり。

C B4009・4010 ドロテ
アスワン「メゾン・ドゥ・ファミーユ」

裾に大きなダマスク柄が刺繍糸とスパンコールで描かれた、繊細かつ大胆なオーガンジーファブリック。大窓の主役として使える。黒と白のスパンコールの色の違いで印象も異なる。

D SH9992〜9994 ヒラルス
川島織物セルコン「Sumiko Honda」コレクション

プレーンなボイル、特にオフホワイトを選ぶならこちら。分繊糸による上品な光沢感、抑え気味のパーフェクトな透け感は、シルクやベルベットなど上質なファブリックとも相性がよい。

E ML-9619
シンコールインテリア「メロディア」コレクション

裾部分に大胆に配されたオパールプリントが、さりげなくシャビーシックなボイル生地。仕立てる際はヒダ倍率を少なくして、美しい柄を楽しみたい。

F FD-51188・51189
リリカラ「FABRIC DECO」コレクション

甘すぎない大柄のリボン刺繍がキュート。シンプルなパターン、ナチュラルな素材感なのでコーディネートしやすく飽きがこない。ナチュラル、ブラウンの2色展開のどちらも魅力的。

A

B

C

D

E

F

Accessory
カーテンアクセサリー

カーテンをはじめとしたインテリアファブリックを
より魅力的に見せてくれるアクセサリー類。
高品質でコストパフォーマンスも高いものを揃えました。

A ミリーポンポン
マナトレーディング「MANAS-TEX」コレクション

色とりどりのポンポンが付いたフリンジは、子ども部屋に最適。使いやすい価格もポイント。カーテンのみならず、クッションカバー、共布タイバックなど複数の箇所で使うと、よりかわいらしく仕上がる。

B リノンボックスプリーツ
マナトレーディング「MANAS-TEX」コレクション

麻混のナチュラルな風合いのトリム。綿や麻の無地のカーテンだけではシンプルすぎるときにワンポイントアクセントとして使える。価格も手ごろで、共布タイバックの裾に付けるだけでも素敵。

C CADENZA コレクション
ゲートウェイ・インターナショナル

豊かな色彩のタッセルフリンジやタイバックのシリーズ。色数が多いためさまざまなファブリックに合わせやすく、タッセルのボリュームも十分。コストパフォーマンスの高さもポイント。
コーディネート：中島淳子

D オーダーメイドタッセル
サリー・タッセル

英国で技術を習得したオーナーによるオーダーメイドのタッセル。デザイナーがイメージする窓装飾のイメージやサイズ、素材などすべてオーダーで製作可能。一点ものでつくる際におすすめ。
コーディネート：REIKO

E S.I.C. リボン
SHINDO

服飾系のプロが愛用するメーカーのリボンは、インテリアにも活用可能。シルキーサテンやベルベットをはじめ、素材、色、サイズが豊富。毎シーズン、トレンドを踏まえた新製品が数多く登場する。
コーディネート：木村さちこ

F ビーズトリム / クリスタルウインドウチャーム
トーソー

エレガンスの表現にはもちろん、ヴィンテージミックスなインテリアにもマッチする。アクリル製だがクリスタルのような透明度の高さが高級感を醸し出す。

Curtain Rail
カーテンレール

インテリアに合わせて選びたいカーテンレール。
もちろん開閉のしやすさや静音性、設置スペースへの配慮など、機能面も要チェックです。

A レガートグラン
トーソー

シンプルなデザインで使いやすい上に、無垢のパイン材を使用したシャビーなテイストが今風の空間にマッチする。静音性が大きく向上しており、開閉音が気になる場面や寝室用にもすすめたいレール。

B ルブラン
トーソー

蔦がデザインされたブラケットは、ハンマード仕上げのアイアン風。ポールも使い込んだ風合いの木目調仕上げで、こだわりのヴィンテージインテリアにパーフェクトマッチ。エンドキャップが小さく、納めやすいのも魅力。

C クラスト
トーソー

リーズナブルで使いやすいデザインのアイアン調レールといえばこれ。5パターンのキャップデザインと5色の色展開で、さまざまなインテリアスタイルに適応する。アンティーク仕上げながら操作性のよさも魅力。

D フィットアーキ
トーソー

壁や天井と一体化したように見えるミニマルなデザインで、ブラケットも吊元も見えずにすっきりまとまるレール。吹き抜けやワイドサッシに使いたい。

E グレイスフィーノ
トーソー

シャープなデザインが美しい、クールモダンなインテリアの定番品。グロスとマットの2種のシルバー色で展開。キャップデザインも4種類から選べる。

A

B

C

D

E

Screen & Blind
スクリーン&ブラインド

バリエーションに富むメカもの。
デザインや機能に優れる商品が数多く登場しています。
カーテンとの組み合わせでさらに提案の幅が広がります。

A ロールスクリーン マイテック プリント柄
トーソー

フラットなロールスクリーンは、プリント柄を選ぶと空間のアクセントとして活用できる。透け感のあるタイプはシアーカーテン代わりに。

B 調光ロールスクリーン ビジックデコラ バーチカル
トーソー

シースルーとミディアムの生地が交互に配された調光スクリーンは、採光を自在にコントロールできて便利。バーチカルタイプでもロールスクリーンのように巻き上げることができ、すっきりとした窓辺に。

C ロールスクリーン マイテック シーズ
トーソー

レーザーカットでさまざまな模様が施されたスクリーン。デザインが豊富で、模様によってインテリアの印象も変わる。

D ハニカムスクリーン エコシア
トーソー

断熱性に優れ、省エネ効果の高いハニカムスクリーン。洋室にもセンスよく納まるモダンな色展開が魅力。フレームオプションでさらに断熱性や保温効果を高めることができる。

E 調光ロールスクリーン ラクーシュ
トーソー

まるでカーテン生地のような優しい風合いのスクリーン。繊細なファブリックを通した柔らかな光を楽しめる。

F バーチカルブラインド デュアルシェイプ
トーソー

ルーバー両端がデザインカットされたグラフィカルなバーチカルブラインドが、空間を印象的に仕上げる。個性的なインテリアづくりに最適。

G デザインブラインド ベネウッドアイデア
トーソー

ヴィンテージナチュラルなムードを盛り上げてくれるブラインド。ヴィンテージブルーをはじめ、スモーキーで明るい色展開が使いやすい。

H デザインブラインド ルーチェ
トーソー

細部まで手を抜かないつくりのシャープなデザイン。テイスト別のスラットカラーとラダーテープを選べ、空間がスタイリッシュに決まる。

I デザインブラインド フィオリア
トーソー

レザー調の生地やファブリックでカバーされたスラットが、この上ないラグジュアリー感を演出する。ラダーテープの色展開も豊富。

E

F

G

H

I

付録2

関連メーカー&ブランド一覧

インテリアファブリック／ウインドウトリートメント関連企業

市場にあるファブリックや窓装飾商品の主な供給業者です。ウェブカタログや最新情報は各ウェブサイトを参照してください。

[主に国内製品取り扱い企業]

アスワン株式会社	http://www.aswan.co.jp/
株式会社川島織物セルコン	http://www.kawashimaselkon.co.jp/
株式会社キロニー	http://www.kirony.co.jp/
五洋インテックス株式会社	http://www.goyointex.co.jp/
株式会社サンゲツ	http://www.sangetsu.co.jp/
シンコール株式会社（SINCOL）	http://www.sincol.co.jp/
株式会社スミノエ	http://www.suminoe.jp/interior/
旭興株式会社（SEKO）	http://www.seko.co.jp/
東リ株式会社	http://www.toli.co.jp/
株式会社ニーディック（NEED'K）	http://www.needk.com/
日本オーナメント株式会社	http://www.jocg.net/
フェデポリマーブル株式会社（FEDE）	http://www.fede.co.jp/
株式会社フジエテキスタイル	http://www.fujie-textile.co.jp/
フジライトカーペット株式会社	http://www.fujilight.co.jp/
リリカラ株式会社	http://www.lilycolor.co.jp/

[主に海外製品取り扱い企業]

有限会社インフィーニ・インコーポレイテッド	infini@246.ne.jp
カサマンス	http://www.casamance.jp/
カガワ・インターナショナルテキスタイルズ（CLARKE & CLARKE）	http://clarkeandclarke.kagawa-intl.com/
クリエーション バウマン ジャパン株式会社	http://www.creationbaumann.jp/
株式会社コルティナ	http://www.cortina.co.jp/
株式会社チェルシーインターナショナル	http://www.chelsea-international.com/
デザイナーズギルド ジャパン	http://designersguildjapan.com/
株式会社テシード	http://www.tecido.co.jp/
株式会社トミタ	http://www.tominet.co.jp/
ナショナル物産株式会社 インテリア事業部	http://www.nt-interior.com/
日本フィスバ株式会社（CHRISTIAN FISCHBACHER）	http://www.fisba.co.jp/
bp international tokyo 株式会社	http://www.bpintnltokyo.com/
マナトレーディング株式会社	http://www.manas.co.jp/
メサテックスジャパン株式会社	http://www.mesatex.co.jp/

[スクリーン・ブラインド取り扱い企業]

サイレントグリス株式会社	http://www.silentgliss.co.jp/
立川ブラインド工業株式会社	http://www.blind.co.jp/
トーソー株式会社	https://www.toso.co.jp/
株式会社ニチベイ	http://www.nichi-bei.co.jp/
ハンターダグラスジャパン株式会社	http://jp.hunterdouglas.asia/

[アクセサリー取り扱い企業]

株式会社ゲートウェイ・インターナショナル	http://www.gateway-int.jp/
サリー・タッセル	http://surreytassel.com/
株式会社 SHINDO	http://www.shindo.com/
みはし株式会社	http://www.mihasi.co.jp/

日本で扱われている海外ファブリックブランド

お国柄を踏まえながら、それぞれ特徴が顕著なブランドです。

[イギリス]

ANDREW MARTIN（アンドリュー・マーチン）	http://www.andrewmartin.co.uk/
BLENDWORTH（ブレンドワース）	http://www.blendworth.co.uk/
CLARKE & CLARKE（クラーク&クラーク）	http://www.clarke-clarke.co.uk/
DESIGNERS GUILD（デザイナーズギルド）	https://www.designersguild.com/
HARLEQUIN（ハーレクイン）	https://www.harlequin.uk.com/
JANE CHURCHILL（ジェーン・チャーチル）	http://www.janechurchill.com/
NINA CAMPBELL（ニナ・キャンベル）	http://shop.ninacampbell.com/

OSBORNE & LITTLE（オズボーン＆リトル）
　　　　　　　　　http://www.osborneandlittle.com/
PRESTIGIOUS TEXTILES（プレスティジャス・テキスタイル）
　　　　　　　　　http://www.prestigious.co.uk/
ROMO（ロモ）　　　　　　　　https://www.romo.com/
SANDERSON（サンダーソン）　https://www.sanderson-uk.com/
WILLIAM MORRIS（ウィリアム・モリス）
　　　　　　　　　https://www.william-morris.co.uk/
WILMAN INTERIORS（ウィルマン インテリア）
　　　　　　　　　http://www.wilmaninteriors.com/
ZOFFANY（ゾファニー）　　　　https://www.zoffany.com/

[フランス]
BOUSSAC（ブサック）　http://www.pierrefrey.com/collection/boussac/
CAMENGO（カメンゴ）　　　　　http://www.camengo.fr/
CHRISTIAN LACROIX（クリスチャン・ラクロワ）
　　　　　　　　　http://www.christian-lacroix.com/
ÉLITIS（エリティス）　　　　　http://www.elitis.fr/
ETAMINE（エタミン）
　　　　　　　　　http://www.zimmer-rohde.com/en/zr/brands/etamine/
HOULÈS（ウレス）　　　　　　http://www.houles.com/
NOBILIS（ノビリス）　　　　　http://www.nobilis.fr/
PIERRE FREY（ピエール・フレイ）　http://www.pierrefrey.com/

[ベルギー]
WIND（ウィンド）　　　　　　http://www.wind.be/

[ドイツ]
CHIVASSO（キファソ）　　　　http://www.chivasso.com/
JAB（ジャブ）　　　　　　　　http://www.jab.de/
NYA NORDISKA（ニヤ・ノルディスカ）　http://www.nya.com/
SAHCO（サコ）　　　　　　　http://www.sahco.de/
ZIMMER + ROHDE（チマー＆ロード）
　　　　　　　　　http://www.zimmer-rohde.com/

[スイス]
CHRISTIAN FISCHBACHER（クリスチャン・フィッシュバッハ）
　　　　　　　　　http://www.fischbacher.com/
CREATION BAUMANN（クリエーション バウマン）
　　　　　　　　　https://www.creationbaumann.com/

JAKOB SCHLAEPFER（ヤコブ・シュレイファー）
　　　　　　　　　http://jakob-schlaepfer.ch/

[オーストリア]
BACKHAUSEN（バックハウゼン）　http://www.backhausen.com/

[U.A.E]
CASSARO（カッサーロ）　　　　http://www.cassaro.co

[イタリア]
ETRO（エトロ）　　　　　　　http://www.etro.com/
RUBELLI（ルベリ）　　　　　　http://www.rubelli.com/

[スペイン]
ALHAMBRA（アルハンブラ）　http://www.alhambraint.com/
GANCEDO（ガンセド）　　　　http://www.gancedo.com/

[ポルトガル]
ALDECO（アルデコ）　　　　　http://www.aldeco.pt/

[北欧]
BORAS COTTON（ボラス・コットン）　http://borascotton.se/
KINNASAND（シナサンド）　　http://www.kinnasand.com/
LJUNGBERGS（ユンバリ）　　http://www.ljungbergsfactory.se/
MARIMEKKO（マリメッコ）　　https://www.marimekko.com/

[アメリカ]
KRAVET（クラベット）　　　　http://www.kravet.com/
LARSEN（ラーセン）　　　　　http://www.larsenfabrics.com/
ROBERT ALLEN（ロバート・アレン）
　　　　　　　　　https://www.robertallendesign.com/
SCHUMACHER（シューマーカー）　https://www.fschumacher.com/

[タイ]
JIM THOMPSON（ジム・トンプソン）　http://www.jimthompson.com/
PASAYA（パサヤ）　　　　　　http://www.pasaya.com/

監修者プロフィール

塩谷博子 Hiroko Shiotani

外資会社オフィスマネージャーとして15年間日米両国にて勤務後、New York School of Interior Designに学び、1981年 AAS Degree 取得、卒業。同時にニューヨーク市立大学にて都市学、文化人類学、心理学コースを修了。84年よりファブリックワークスを運営。インテリアスタイリングに加えて、インテリア商品、特にファブリック商品の企画デザイン及び各種セミナー講師として活動。2003年インテリアスタイリングプロを設立、現在名誉顧問。著書に「インテリアファブリックスの本」「ウインドウスタイリングブック」「インテリアスタイリング事典」等、監修に「ウインドウデザイナーズ」、ほか共同執筆など多数。

前畑順子 Junko Maehata

東京芸術大学大学院美術研究科修了後、1990〜2003年の米国ロサンゼルス及びニューヨーク在住生活を通して、アメリカ富裕層のインテリア感覚を学び、この間多くのボランティア経験を積む。帰国後、インテリアショップのデザイナーとして、一般住宅やオフィス、店舗などのスタイリングを多数担当。現在はフリーランスとしてフリートゥビーミー(freetobeme)を運営するほか、インテリアスタイリングプロ代表を務める。

流儀やテクニックに学ぶ上質空間のコツ

インテリアデザイナーの住む家

2015年8月5日　初版第1刷発行

発行人	大槻保人
発行元	トーソー株式会社　トーソー出版
	〒104-0033 東京都中央区新川1-4-9
	Tel 03-3552-1001
	http://www.toso.co.jp/book (オンラインブックショップ)
監修	塩谷博子　前畑順子 (インテリアスタイリングプロ)
企画	藤橋佳子
企画・制作	株式会社デュウ
	〒101-0051 東京都千代田区神田神保町2-40-7 友輪ビル2F
	Tel 03-3221-4022
編集	水谷浩明　川下靖代
AD＋デザイン	草薙伸行　蛭田典子 (Planet Plan Design Works)
撮影	小林久井 (近藤スタジオ) P2 (右)、P3 (左)、P6、P24〜29、P48〜50、P62〜72、P80〜83、P86〜87、P110 (左・下)、P112 (左)、P113 (左中)、P116 (右上)
印刷・製本	図書印刷株式会社

©トーソー出版 2015 Printed in Japan
ISBN978-4-904403-12-9 C3052

本書に掲載されている文章、写真の無断複写 (コピー)・複製を禁じます。
本書に掲載されているデータおよびURLは、2015年6月現在のものです。
万一、落丁・乱丁などがありましたら、お取り替えいたします。
定価はカバーに記載してあります。